«Kinder brauchen Grenzen», heißt die wichtigste Botschaft von Jan-Uwe Rogge, «Eltern setzen Grenzen» die zweitwichtigste – und zugleich gilt die Erfahrung: «Ohne Chaos geht es nicht». Seit Jahrzehnten schreibt Bestsellerautor Jan-Uwe Rogge über den Alltag in unseren Familien, Kindergärten und Schulen. Seine sachkundige und zugleich stets humorvolle Art hat Millionen Leserinnen und Leser begeistert; auch das Bundesministerium für Familie sucht bei ihm Rat. Dieses Buch beschäftigt sich mit den alltäglichen Erziehungskonflikten und hilft Eltern und Kindern, das Beste daraus zu machen.

Jan-Uwe Rogge

Der kleine Erziehungshelfer

Rowohlt Taschenbuch Verlag

Originalausgabe
Veröffentlicht im Rowohlt Taschenbuch Verlag,
Reinbek bei Hamburg, Dezember 2007
Copyright © 2003 / 2007 by
Rowohlt Verlag GmbH, Reinbek bei Hamburg
(Der Text dieses Buches ist ein Auszug aus dem Buch
« Der große Erziehungsberater » von Jan-Uwe Rogge.)
Redaktion Bernd Gottwald
Umschlaggestaltung ZERO Werbeagentur, München
(Abbildung: Eric Giriat / ELTERN / Picture Press)
Satz Concorde PostScript (PageOne) bei
Clausen & Bosse, Leck
Druck und Bindung Druckerei C. H. Beck, Nördlingen
Printed in Germany
ISBN 978 3 499 62337 0

«*Auch wenn du jemandem etwas tausendmal gesagt hast und er hat nicht zugehört, musst du es ihm immer und immer wieder sagen. Das ist Geduld.*»
(MAHATMA GANDHI)

Inhalt

Einführung:
Erziehung ist Beziehung

Ich habe Fragen über Fragen zur Erziehung», so stöhnt eine Mutter auf einem Familienseminar. «Erziehung ist so etwas Kompliziertes! Ich blicke da manchmal einfach nicht mehr durch!»

«Ach was», entgegnet eine andere, «die ist überhaupt nicht kompliziert, wir machen sie nur kompliziert, weil wir alles richtig machen, super perfekt machen wollen! Man sollte manchmal fünf gerade sein lassen! Nicht ständig sich bejammern und sich Vorwürfe machen!»

«Das ist nun auch zu pauschal», wirft eine Dritte ein. «Es gibt auch Situationen, da rasselt man einfach mit den Kindern zusammen, wenn man es ihnen schon zigmal gesagt hat und es passiert dann nichts, rein gar nichts!»

«Und dann gibt es einfach diese Tage», unterbricht eine vierte Mutter, «da flippt man schneller aus, weil du ohnehin genervt bist! Und dann kommt dein pädagogischer Oberguru abends von der Arbeit nach Hause und sagt ernsthaft, aber mit süffisantem Unterton, man solle einfach nur konsequenter sein, dann bräuchte man auch nicht zu schreien.»

«Sieh an», ruft ein Vater dazwischen. «Jetzt haben wir doch die Sündenböcke: die Väter, die alles besser wissen!» Er macht eine Pause. «Aber denen geht's doch auch nicht besser. Die wissen auch nicht weiter, haben Fragen, wollen Antworten. Und wenn du dann in einen Erziehungsratgeber guckst, wo Besserwisser für jedes Problem eine Lösung haben», er macht eine wegwerfende Handbewegung, «die kannst du doch alle auf den Mond schießen, diese Oberklugscheißer!»

In diesem kurzen Gesprächsausschnitt aus einem Elternseminar kommen Aspekte zur Sprache, die durchaus zur Ratlosigkeit von Eltern in Erziehungsfragen beitragen:

- Da ist das Streben, auf jedes Problem in der Erziehung sofort und auf der Stelle eine Lösung zu erhalten, die immer und ewig funktioniert. Aber solche Lösungen existieren nicht. Man mag Speisen nach einem Rezept aus dem Kochbuch zubereiten, allgemeingültige Erziehungsrezepte gibt es nicht. Wer dies nahelegt, der ist ein pädagogischer Scharlatan.
- Eltern wollen nicht nur erziehen, sie wollen es «richtig» machen, keine Fehler zulassen. Eltern möchten perfekt sein, jeden Tag den pädagogischen «Oskar am Bande» verliehen bekommen, und wenn das keiner tut, sich selber damit auszeichnen. Gerade weil Erziehungssituationen so komplex-kompliziert sind, braucht es einfache, nicht: vereinfachte(!) Zugänge, braucht es Gelassenheit, den Mut zum Fehler, zur Unvollkommenheit.
- Schließlich ist da noch eine Masse an Erziehungsratgebern mit ihren simplen Ratschlägen, die Eltern suggerieren, Erziehung wäre ganz kinderleicht, befolge man nur die aufgezeigten Vorschläge. Aber solche Vor- und Ratschläge sind häufig Schläge der besonderen Art, deren blaue Flecken man erst nach der Lektüre bemerkt – dann nämlich, wenn trotz wiederholten Lesens sich nichts, aber gar nichts im Erziehungsalltag verändert, man in seinem Gefühl, es sowieso nicht zu können, noch bestärkt wird.

Man fragt mich in Interviews immer wieder, warum meine Ratgeber so viel und gerne gelesen werden. Für diese Akzeptanz gibt es ebenfalls kein Patentrezept. Aber ich denke, die Leser und Leserinnen – und damit Mütter, Väter wie professionelle Pädagogen – haben ein Gespür, ob man sie ernst nimmt oder von oben herab belehrt. Eltern haben Kompetenzen – und an die gilt es anzuknüpfen. Eltern wollen, dass man sie in ihren pädagogischen Kompetenzen bestätigt, sie wollen begleitet, stark gemacht werden. Nur wer sich als Vater oder Mutter angenommen fühlt, kann seine Kinder annehmen, nur wer seine Stärken spürt, kann Kinder stark, selbstbewusst und lebenstüchtig machen.

Elternratgeber sind nicht für jene geschrieben, die sich ohnehin als kompetent betrachten, Kinder selbstbewusst ins Leben zu führen, die mit einer Mischung aus erzieherischem Wissen und dem Gefühl, auch mal spontan und intuitiv aus dem Bauch zu entscheiden, die Kunst des «Durchwurschtelns» praktizieren.

Und auch nicht für jene, denen Erziehung – welche Gründe man auch immer dafür benennen mag – gleichgültig, nebensächlich ist, die der Auffassung sind, Kinder würden auch ohne feste Rahmenbedingungen ins Leben kommen.

Elternratgeber sind für jene formuliert, die nicht selten an ihre Grenzen kommen, die deshalb Bestätigung für jene alltäglichen Situationen brauchen, in denen sie sich dermaßen verrannt haben, dass am Ende Ohnmacht und Hilflosigkeit stehen. Bestätigung stellt dabei ein Schlüsselwort dar: Es meint, dass man – wie mir viele LeserInnen schreiben – «nicht alles falsch macht oder falsch gemacht hat», also positiv formuliert: richtig gehandelt hat, sich in seinen Meinungen und Auffassungen bestätigt fühlen darf. Eltern – so meine Erfahrung – denken viel nach, und sie machen dabei einen verdammt «guten Erziehungsjob»! Eltern nur darauf hinzuweisen, was sie nicht können, ihnen ständig vor Augen zu führen, was sie alles nicht beherrschen, das stärkt nicht unbedingt das Selbstbewusstsein, legt vielmehr ein Minderwertigkeitsgefühl nahe, man könne ohnehin nicht erziehen, vor allem dann, wenn man noch meint, nur einem selber gehe es so, bei anderen «klappe es halt immer».

Der Pädagoge Pestalozzi hat vor mehr als zweihundert Jahren Eltern einen Rat mitgegeben: «Lache dreimal am Tage mit deinem Kind, dann geht es dir gut!» Ernsthaftigkeit in der Beziehung darf nicht die Abwesenheit von Humor bedeuten. Humor entkrampft, trägt dazu bei, über sich selber zu lachen – über seine Kompetenzen, vor allem über seine menschlichen, allzu menschlichen Unzulänglichkeiten. Als man Lessing anlässlich der Premiere seiner «Mina von Barnhelm» vorwarf, wie man über ein ernstes Thema ein so lustiges Stück schreiben könne, über das man sogar lachen könne, antwortete er den Kritikern: «Was haben Sie gegen das Lachen?»

Lachen hat nichts zu tun damit, sich oder andere lächerlich zu machen, kindisch oder gar albern zu sein, vielmehr, wie ein Kind aus vollem Herzen zu lachen. Lachen und Humor vermitteln sich am anschaulichsten in Geschichten. Deshalb erzähle ich so gerne Geschichten. Man findet sich in ihnen wieder, assoziiert seine eigene Geschichte, sein Gelingen ebenso wie sein Scheitern, Geschichten vermitteln das Gefühl «das ist mir heute gelungen» ebenso das Versagen, die Freude ebenso wie die Traurigkeit. In Geschichten sind Bilder enthalten, die län ger präsent bleiben als ein nummerierter Anforderungskatalog, der auflistet, was zu tun ist, um ein Problem zu lösen.

In meinen Vorträgen bitte ich häufiger, nichts mitzuschreiben. Das für einen Wesentliche behält man ohnehin – und das könne man hinterher für sich immer noch formulieren. Und Ähnliches gilt für Geschichten. Man muss sie «immer und immer wieder lesen» – oder wie es eine Leserin einmal schrieb: «Ich nehme Ihr Buch zur Hand, und von Zeit zu Zeit lese ich darin. Und dann entdecke ich immer neue Stellen, die ich bisher überlesen habe. Aber vielleicht waren sie bis dahin auch nicht wichtig!»

Erziehung ist Begleitung der Kinder ins Leben, Erziehung ist nicht Vorbereitung auf das Leben: und dieses ist mit Frust und Trost verbunden. Trost, weil man sich und dem Kind Zeit lassen kann. Im Trost zeigt sich Gelassenheit, nicht: Gleichgültigkeit (!), und Gelassenheit meint weiterhin: Ich lasse zu! Ich lasse los! Ich lasse zu, dass ich so bin, wie ich bin! Ich lasse zu, dass ich ein Kind habe, das so ist, wie es ist! Es ist eine einzigartige, eine unvergleichliche Persönlichkeit! Und ich lasse meinen Perfektionismus los, den Gedanken, es jederzeit richtig zu machen, nur das Beste für das Kind zu wollen!

Mit dem Trost ist aber auch Frust verbunden, diese Einsicht, dass Erziehung niemals am Ende ist, man ständig in Beziehung zum Kind bleiben muss. Erziehung ist nichts Abgeschlossenes, sie ist in Bewegung, Erziehung ist etwas Bewegendes. Und wenn man meint, man habe einen Entwicklungsabschnitt geschafft, es wäre Licht am Ende des Tunnels, dann tut man gut daran, genauer hinzuschauen. Denn meist ist das Licht ein entgegenkommender Zug, und dann «fängt man wieder von vorne an», wie es eine Mutter einmal ausdrückte.

Gandhi hat einst sinngemäß formuliert, Kinder seien die wirklichen Weisheitslehrer auf der Welt. Und Weisheit hat er definiert als Geduld, Geduld als etwas, was du immer und immer wieder tun musst, so lange eben, bis du weise bist. So sind Kinder: Sie handeln manchmal so lange, bis sie das Gefühl haben, ihre Eltern auf dem Weg zur Weisheit zu begleiten.

Und auch davon handeln die Geschichten in diesem Buch: Sie geben keine konkreten Handlungsanleitungen – nach dem Motto: «Jedes Kind kann aufräumen!», oder «Jedes Kind kann richtig essen!» Wer dies erwartet, der wird bei der Lektüre enttäuscht sein! Die Geschichten enthalten zunächst eine Perspektive des Kindes, versuchen, ein Problem aus Kindersicht zu verstehen. Denn Verständnis ist Grundvoraussetzung für pädagogisch angemessenes Handeln. Aber ein Standpunkt des reinen Verstehens, ohne die elterliche Erziehungsverantwortung zu berücksichtigen, mündet in Tyrannei. Deshalb darf Verstehen nicht mit Akzeptanz verwechselt werden. So sehr ein Verständnis, das sich an den Entwicklungs- und Altersbesonderheiten des Kindes orientiert, vonnöten ist, so sehr ist ein eigener elterlicher Standpunkt unabdingbar: Man kann ein Kind in seiner egoistischen oder egozentrischen Haltung zwar verstehen, trotzdem muss man sein Handeln nicht akzeptieren, muss man Werte und Normen einfordern!

Von dieser Balance erzählen die Geschichten. Sie wollen ermutigen, Kinder in der Vielfältigkeit ihres Handelns zu verstehen, eines Handelns, das häufig nicht gegen die

Eltern gerichtet ist, vielmehr eines Handelns, mit dem sie auf sich aufmerksam machen wollen, das den Eltern zeigt, dass sie zu ihnen in Beziehung treten möchten. Aber Kinder wollen Eltern auch ermutigen, ihrer Erziehungsverantwortung gerecht zu werden, ihr nachzukommen. Erziehung hat nichts mit Machtausübung zu tun – weder in der populistischen Zeile «Kinder an die Macht!» noch in einer unreflektierten elterlichen Machtausübung, die nach dem Motto agiert: «Wir wollen doch mal sehen, wer hier recht hat!» Erziehung ist Beziehung, und Eltern können nur erziehen, wenn sie in Beziehung zum Kind sind. Grenzen zu formulieren ist immer eine Zumutung – für Eltern wie für Kinder. Und diese Zumutungen sind nur auszuhalten, wenn es eine tragfähige Beziehung zwischen Eltern und Kindern gibt. Wie die gelingen kann, auch davon erzählen die Geschichten.

1. «Oh, diese Unordnung ...» –
Vom Aufräumen

Ich verstehe nicht», sagt die Mutter von Ralph und Mario, elf und acht Jahre, und schüttelt dabei ihren Kopf, «wie die sich in ihren Sauställen wohlfühlen.» Sie wäre ja nun «wirklich kein Putzteufel», aber wenn sie die Zimmer ihrer Kinder betrete, dann treffe sie der Schlag.

«Das sieht aus, als ob da eine Bombe eingeschlagen hat.» Sie blickt finster drein: «Und wenn die dann nichts finden, kommen sie zu mir angekrochen. Und ich suche dann mit ihnen.» Sie versprächen augenblicklich Besserung, «aber darauf gebe ich keinen Heller mehr». Schon nach ein paar Tagen sähe es «wieder so wild aus wie zuvor».

So lange hielte sie es gar nicht aus, meint die Mutter von Carmen und Ina, acht und fünf Jahre, als sie das hört. «Auch wenn's mir stinkt. So alle drei Wochen stürme ich die Zimmer, wenn die in der Schule sind. Dann mach ich da Ordnung.» Zack, zack ginge das. Sie grinst: «Und wenn die nach Hause kommen, fluchen sie, weil sie nichts mehr wiederfinden.» Sie schmunzelt: «Ist mir doch egal. Aber den Mund rede ich mir nicht mehr fusselig. Die hören ja doch nicht, wenn ich sie darum bitte, aufzuräumen. Also mach ich's gleich selber.»

«So weit kommt das noch», greift Lenas Mutter in das Gespräch ein. «Mit sieben kann man doch ein wenig Ordnung halten.» Sie sieht die anderen Mütter an: «Meine ich jedenfalls. Das ist nun wirklich nicht zu viel verlangt, oder?» Die anderen bestätigen sie durch Nicken. «Ich kündige Lena an, wann ich auch bei ihr sauber mache. Ich gehe dann mit dem Staubsauger rein. Lena hat eine Allergie, die hustet, wenn's zu staubig ist … Und wenn sie nicht wegräumt, was am Boden liegt, wird das weggesaugt.» Sie zieht die Augenbrauen hoch: «Dann schreit sie zwar rum, ich solle ihr die Sachen ersetzen.» Vehement schüttelt sie den Kopf: «Aber so weit kommt's noch!» Dann lacht Lenas Mutter: «Die Methode ist nicht pädagogisch wertvoll, aber sie hat zumindest dazu geführt, dass Lena am Tag, bevor ich ihr sage, ich sauge, etwas aufräumt …», sie stockt, «… na ja, ein klein bisschen aufräumt.»

«Neulich sagt doch mein Peter zu mir», erzählt Vera Bauer, «als ich ihn auffordere, Ordnung zu schaffen, er habe keine Lust dazu.» Da sei sie wütend geworden: «‹Meinst du, *ich* habe Lust dazu?›, habe ich ihn angeschrien. Sie glauben es nicht, was der mir antwortet, ganz cool, ganz lässig: Dann soll ich's doch *auch* bleibenlassen.» Doch mit einem Male grinst sie verschmitzt: «Vorgestern bitte ich ihn wieder, wieder diese blöde Antwort, er habe keine Lust dazu. Da habe ich ganz ruhig erwidert: ‹Verstehe ich! Dann räumst du ohne Lust auf, das geht doch auch!›» Sie prustet laut los: «Er war so überrascht, der hat aufgeräumt, mosernd, fluchend, sauer …, aber er hat aufgeräumt.»

Wenn ich die zahllosen elterlichen Klagen über Unordnung und unaufgeräumte Zimmer betrachte, könnte ich daraus schließen: Ordentliche Kinder gibt es – aber selten. Kinder empfinden sich dagegen nicht als schlampig, Kinder haben nur ein ganz eigenes Ordnungssystem. Sie haben sehr genaue Vorstellungen davon, wo

Gegenstände zu finden sind. Selbst im größten Durcheinander, wenn alles undurchschaubar und unübersichtlich scheint, folgen Kinder einem nur für sie erkennbaren Ordnungssystem, entdecken zielsicher jene Dinge, die sie brauchen.

Es sei denn, Eltern bringen mit ihrem «Aufräumfimmel», so der neunjährige Dirk, Unordnung in das kreative Durcheinander. Kinder spüren, dass Chaos zum Leben gehört. Und man viel Energie aufwenden muss, um Ordnung im Zimmer zu halten, wozu sie nicht immer Lust haben. Deshalb entwickeln sie eigene Ordnungssysteme, in denen sie sich spielend – mal mehr, mal weniger – zurechtfinden. Das Problem: Eltern sehen diese Sache anders – und daraus ergeben sich (überflüssige) Machtkämpfe und Schuldzuweisungen, die das Beziehungsklima vergiften.

Unordnung ist – aus der Sicht der Eltern – eine ärgerliche, nervige Sache, aber Unordnung lässt keine Rückschlüsse auf den Charakter des Kindes zu. Der immer konstruierte Zusammenhang von draußen und drinnen, zum Beispiel «wie der Teller, so das Herz», mag in Einzelfällen zutreffen, aber als Beurteilungsmaßstab für eine Persönlichkeit taugt dieses Erfahrungswissen nur begrenzt. Denn auch Eltern gehen mit der Unordnung der Kinder widersprüchlich um. Mal lieben sie ihre kleinen Chaoten, weil sie selber gut drauf sind und die Seele baumeln lassen. Mal flippen sie schon bei jeder Kleinigkeit aus, machen aus einer Mücke einen Elefanten, formulieren Sätze in Ewigkeitsdimensionen («Räumt ihr denn *niemals* auf!»), nur weil ihnen eine Laus über die Leber gelaufen ist. Ordnung hat zweifellos eine praktisch-ästhetische Seite – das ahnen oder fühlen auch die Kinder.

Als beim zehnjährigen Arne zum ersten Male seine Freundin Beatrice auftauchte, verwandelte er sich in einen Putzteufel; und als die achtjährige Susanne es in ihrem unaufgeräumten Zimmer zu ungemütlich fand, kam sie selber auf die Idee, etwas mehr Wohnlichkeit zu verbreiten. Als Johannes seinen Atlas nicht mehr wiederfand, der im unendlichen Chaos seines Zimmers verschwunden war, und er selber für die anfallenden Kosten aufkommen musste («Das schöne Taschengeld!», fluchte er, das müsse er nun «für so 'n Mistatlas ausgeben!»), ordnete er zumindest seine Schulsachen an einen dafür bestimmten Platz.

Kinder lernen aus natürlichen Folgen – schneller, als Erwachsene meinen. Aber stattdessen versuchen es die Eltern mit «guten» Worten, ständigen Ermahnungen oder inkonsequenten Verhaltensweisen, die nichts bewirken – vielleicht vorübergehend das Chaos ein wenig beseitigen, dafür aber manchmal die elterliche Hilflosigkeit nur noch verstärken.

Annikas Mutter, Christel Weber, ist sauer auf ihre zehnjährige Tochter. «Im Prinzip ist es mir egal, wie es in ihrem Zimmer aussieht. Nur wenn ich mehr Arbeit habe, dann stinkt es mir gewaltig.»

Sie müsse mehr waschen und bügeln, erklärt sie mir, «weil alles auf dem Boden herumliegt. Annika schmeißt ihre Sachen hin, trampelt drauf rum.» Sie sieht mich an: «Da bin ich ausgeflippt: ‹Ich hab keine Lust, deine Sachen ständig zu waschen und zu bügeln, nur weil du zu faul bist, sie einzuräumen. Du kannst jetzt gefälligst selber waschen und bügeln.›»

«Wie ging das weiter?», will ich wissen. Und dann berichtet sie.

«Mama, ich verstehe dich», antwortet Annika auf den Vorwurf ihrer Mutter mit betont einfühlsamer Stimme. «Das ist auch doof von mir. Du tust so viel, und ich mache dir auch noch mehr Arbeit. Entschuldigung, Mama!»

Christel Weber ist überrascht über die verständnisvolle Reaktion ihrer Tochter.

«Da hätte ich natürlich hellhörig werden müssen», erinnert sie sich später.

Denn Annika wäscht und bügelt keineswegs selber. Sie trägt die Klamotten ihres Kleiderschranks auf. Und da sie viele Sachen zum Anziehen hat, die sie phantasievoll kombiniert, muss sie sich auch nicht mühen, ihre Blusen, Hemden und Unterwäsche zu säubern. Der Kleiderstapel in ihrem Zimmer nimmt ungeahnte Ausmaße an.

Die Mutter fragt vorsichtig nach, wann Annika denn mal waschen würde.

«Bald!», lautet die Standardantwort ihrer Tochter. Oder: «Mama, halt dich doch da raus!» Und Christel Weber schweigt.

Eines Tages hat Annika nichts mehr, was sie sinnvoll kombinieren kann. Sie hat noch eine Hose, eine Bluse, eine Jacke – drei Sachen, die farblich äußerst experimentell wirken. Annika sieht darin wie ein Harlekin aus. Aber ihr macht es nichts. In dieser Tracht geht sie in die Schule. Sie schmunzelt über die Sorgenfalten ihrer Mutter, spürt ihre Gedanken hinter der Stirn: «Was die Leute wohl von dir denken, deine Tochter so in die Schule zu lassen?»

Doch Annika kümmert es wenig. Sie macht sich jeden Tag auf den Weg – in immer der gleichen abenteuerlichen

Kombination: grüne Hose, schrillblaues Hemd und eine zerknitterte, verblichene hellgelbe Jacke.

«Irgendwann», erinnert sich die Mutter, «so am sechsten oder siebten Tag, ich sah sie nicht mehr, man konnte sie riechen, wenn sie das Haus betrat, bin ich in ihr Zimmer gestürzt, als sie im Unterricht war, habe alles in die Waschmaschine gesteckt, gebügelt», sie atmet kräftig aus, «und ihr in das Zimmer gelegt.»

Annika kommt, geht in ihr Zimmer, verlässt dies aber unverzüglich wieder. Sie geht aus dem Haus und kommt nach zwanzig Minuten wieder zurück, überreicht ihrer Mutter Pralinen mit den Worten: «Danke, Mama! Ich wusste, dass du die schwächeren Nerven hast!»

Das sei ihr eine Lehre gewesen, meint sie rückblickend, aber für Annika war's auch eine Erfahrung.

«Die wäscht und bügelt jetzt ihre Sachen – alle vierzehn Tage!» – «Meinst du», habe die Tochter an diesem Tag gesagt, als sie ihr die Süßigkeiten überreicht hatte, «ich will nochmal wie ein Wellensittich durch die Stadt laufen?»

Pädagogische Maßnahmen, die man beim Thema Aufräumen des Kinderzimmers ergreifen kann, sind begrenzt und müssen deshalb gut überlegt sein. Nicht jedes Mittel, das einem im Zustand von Zorn und Wut einfällt, führt zum Ziel. Manchmal kommt man vom Regen in die Traufe.

Patrizia, zehn Jahre, erinnert sich: «Früher habe ich nur aufgeräumt, wenn meine Mutter schrie: ‹Wenn du nicht aufräumst, siehst du keine Sesamstraße!› Dann hab ich natürlich aufgeräumt!» Sie grinst breit: «Jetzt mach ich mein Zimmer für drei Sendungen sauber … oder», sie überlegt, «wenn ich etwas Schönes dafür bekomme!»

Gerade bei jüngeren Kindern zwischen zwei und sechs Jahren muss man unterscheiden, ob ein Kind nicht aufräumen will oder es nicht kann. Jüngere Kinder favorisieren eine Streuordnung, die natürlich im Gegensatz zur gewünschten Häufchenordnung der Eltern steht. Streuordnung meint: Kinder finden in den am Boden oder in den Regalen zerstreuten Objekten eher das wieder, was sie brauchen. Und sie haben dabei ihre ganz eigene Ordnung.

Dies erfährt man beispielsweise beim Memory-Spiel, wo Kinder nicht selten Erwachsene besiegen, weil sie sich genauer merken können, wo sich Spielelemente befinden.

Kinder lieben eine Grobordnung, die es ihnen erlaubt, sich zurechtzufinden. Aber zugleich verlieren sie dann den Überblick, wenn zu viel herumliegt. Sie versinken im Chaos, haben keine Lust, Ordnung zu schaffen, weil es ihre Kompetenzen übersteigt. Deshalb kann es im Kindergartenalter sinnvoll sein, Kinder beim Aufräumen zu unterstützen:

- Manche Zimmer quellen über. Da liegen Wintersachen neben der Kleidung, die man nur im Sommer trägt. Da findet sich Spielzeug, mit dem das Kind schon Monate, gar manchmal Jahre nicht gespielt hat. Das Zimmer zu entrümpeln – in Absprache mit dem Kind – kann zu neuer Übersicht führen. Und sollte ein Kind sich nicht trennen wollen, kann man ein Spiel woanders aufbewahren. Und mancher Vater, manche Mutter hat schon mal in einer Einzelaktion Spielzeug entfernt, ohne dass das Kind dies überhaupt bemerkt hat.

- Man kann mit Kindern auch Aufräum-Rituale absprechen: Man vereinbart einen Termin, hilft dem Kind –

je nach Alter und Entwicklungsstand – eine Zeit lang und lässt es dann eigenständig weiterarbeiten. Kinder lassen sich auf solche Vereinbarungen dann ein, wenn sie spüren, die Eltern respektieren ihre Ordnungsvorstellungen und wollen ihnen nicht die elterlichen Prinzipien aufdrücken.

Doch aufgepasst: Auch Kinder müssen sich an Absprachen halten. Und sollten sie dies nicht tun, obgleich die Eltern ihnen entgegenkommen, müssen Kinder die Folgen ihrer Grenzüberschreitung fühlen.

Max, knapp fünf Jahre, war ein «kleiner Chaot», wie die Mutter erzählte. Max praktizierte die, sie sieht mich an, «Streuordnung, die Drei-Schichten-Streuordnung!»

«Bitte?»

Sie grinst: «Das haben Sie noch nicht gesehen: unten die Legos, darüber die Playmobil-Figuren, darüber, was ihm so im Laufe des Tages aus den Händen glitt ..., und ihm glitt viel aus seinen Händen, kann ich Ihnen sagen.»

Max ist ein anspruchsvoller Junge. Jeden Abend besteht er auf seinem «Gutenachtritual» – bestehend aus vier Abschnitten: dem Lied, der kleinen Geschichte, dem Gebet und dem Kuss. Und da sich die Mutter fast allabendlich ihre Zehen an den Legos stieß, wenn sie auf dem Weg von der Tür zu Max' Bett unterwegs war, wurde aus dem Lied bald ein Klagelied. Sie fluchte, Max versprach, am anderen Abend ein wenig aufzuräumen – doch nichts geschah.

«Er hält sich eben nicht an die Absprachen», erklärt sie mir einigermaßen wütend. «Er verspricht etwas, aber er hält sich nicht daran.»

«Wenn er das nicht macht», antworte ich, als sie mich

fragt, was sie denn da machen könne, «wenn er sich nicht an Absprachen hält, dann gibt es eben kein Gutenachtritual!»

«Herr Rogge», ruft sie spontan, «Max braucht sein Ritual, sonst schläft er nicht! Dann ist mein Max traurig und unglücklich. Sie müssen dann mal sein Gesicht sehen.» Sie sieht aus, als würde sie gleich in Tränen ausbrechen. «Nein, das bringe ich nicht übers Herz.» Sie schaut mich an: «Ich weiß, was Sie jetzt denken!»

«Was denn?»

«Eine Rote-Kreuz-Schwester in Aktion!» Ich nicke. Und dann macht sie einen ernsten Gesichtsausdruck: «Aber gibt's nicht irgendeinen Tipp? Sie wissen doch sonst immer etwas!»

Ich überlege: «Na ja, Sie könnten ihm doch sagen: Aufzuräumen brauchst du nicht! Aber einen Weg kannst du freiräumen, von der Zimmertür zum Bett!»

Ich stocke: «Dann erreichen Sie verletzungsfrei Max' Bett.»

«Klasse Idee!», ruft sie spontan aus. «Toll!»

«Gemach! Gemach!», lache ich. «Schneisen wachsen zu. Und dann?»

«Ja, und dann?» Sie sieht ratlos aus. Dann schlägt sie vor: «Ich erinnere ihn, mir einen Weg frei zu machen!»

«Und wenn er's nicht macht, es dauernd vergisst?», bleibe ich beharrlich.

Sie denkt nach: «Ja, und dann?»

«Ich hätt 'ne Idee!»

«Und die wäre?»

«Wenn er keine Schneise schlägt, dann bleiben Sie an der Tür stehen, führen das Ritual von dort aus durch. Sie singen das Lied etwas lauter. Die Geschichten müssen Sie auch etwas lauter lesen. Sie sprechen das Gebet. Der Pfarrer kommt auch nicht zu jedem persönlich. Und den Kuss hauchen Sie ihm zu.»

Sie bricht in Lachen aus. «Hört sich gut an!»

Max' Mutter geht nach Hause, erklärt ihrem Sohn das Vorhaben. Der verspricht, abends sofort einen Weg zu bauen.

«Immer, Mama, immer baue ich einen Weg!», erklärt er mit großer Ernsthaftigkeit: «Du musst mich nur daran erinnern!»

«Und wenn du das nicht machst?»

«Dann kommst du nicht, das weiß ich.» Er lacht: «Aber ich mach dir immer einen Weg! Ehrlich!»

Und tatsächlich, er baut ihr einen breiten Weg, der acht Tage hält. «Dann ist er zugewachsen», wie die Mutter feststellt.

Sie erinnert ihn dreimal im Laufe des Tages, und er verspricht hoch und heilig, ihn «bald» wiederherzustellen. Doch nichts geschieht!

Das Gutenachtritual naht. Er kniet auf seinem Bett, ruft nach der Mutter. Sie bleibt an der Tür stehen.

«Mama, kommst du nicht?», fragt er irritiert.

«Max, ich habe es dir gesagt!»

«Mama, bitte!», seine Stimme klingt bettelnd.

Die Mutter singt das Lied, lauter als sonst. Max hört zu. Als das Lied zu Ende ist, wieder sein flehendes «Mama!», doch sie lässt sich nicht erweichen.

Sie erzählt die Geschichte, spricht das Gebet.

«Mama, Küsschen!» Max hält ihr seine Wange hin. Doch sie haucht ihm von der Tür zwei Küsse zu.

«Kommst du nicht mehr her?» Er blickt verzweifelt, sein Ton ist traurig.

Da atmet er tief aus, legt sich in sein Bett: «Gut, dann leg ich mich jetzt hin und sterbe!»

«Bis morgen, mein Schatz!» Ganz hält es Max' Mutter nicht aus. Als sie gegen Mitternacht in ihr Bett geht, schaut sie bei Max vorbei. Vorsichtig öffnet sie die Zimmertür, will einer Fee gleich über alle Gegenstände und Figuren fliegen, um ihren Schatz nicht zu wecken – doch, welch Anblick! Ein breiter Pfad öffnet sich ihr zum Bett hin. Sie geht vorsichtig zu ihrem Sohn, legt ihr rechtes Ohr auf seine linke Brust. Er atmet. Sie lächelt: «Altes Schlitzohr!» Dann küsst sie ihn auf die Stirn.

2. «Nun mach schon ...» –
Vom Trödeln und Bummeln

Hannes ist ein «Morgenmuffel», ein richtiger «Melancholiker», wie seine Mutter sagt.

Der sitzt gegen Viertel vor sieben vor seinem Kakao und sieht den Blasen nach, die entstehen und zerplatzen. Hannes würde bis in alle Ewigkeit da sitzen, gäbe es nicht eine Person, seine Mutter, Marion Weber, die ihn mit immer heftiger werdender Stimme umkreist. «Du kommst zu spät, Hannes!», oder: «Beeil dich doch, Hannes!», oder: «Hannes, du verpasst den Bus!», oder: «Hannes, heut fahr ich dich aber nicht!»

Aber je schriller der Hubschrauber, der ihn umkreist, umso ruhiger wird Hannes. Und es scheint fast, als habe er die «Fünf Tibeter» gelesen – so ruhig, in sich gekehrt sitzt er da, den Hubschrauber, der ihn mit ständig klapperndem Geräusch umkreist, völlig ignorierend.

Bis er um kurz vor halb acht aufspringt, «Mist!» fluchend, seine Sachen im Eiltempo zusammensuchend, und dann, die Jacke im Laufen anziehend, zur Bushaltestelle rennt.

«Pass auf!», ruft die Mutter hinterher. Doch dafür hat Hannes kein Ohr. Außer Atem erreicht er die Bushaltestelle: «Mist! Verdammter Mist!» Er stampft mit den Füßen auf, schmeißt seinen Rucksack auf die Erde.

«Mist!» In der Ferne sieht er die Rücklichter des Busses entschwinden. Aber Hannes kommt nicht in Panik, weil fast in dem Moment, in dem er ein letztes Mal «Mist!» denkt, links neben ihm auf der Straßenseite, wie von unsichtbarer Geisterhand gesteuert – ein Mini-Van auftaucht, der Familien-Van. Die Beifahrertür geht auf, und eine wachsweiche Stimme säuselt: «Steig ein, Schatz, du kommst sonst zu spät!»

Hannes wäre ja blöd, würde er das nicht tun. Also setzt er sich auf den Beifahrersitz und knurrt: «Nun fahr schon los und überhol den Bus, Mensch!»

Wer hat schon mal in Flensburg die Punkte gezählt, die Mütter morgens riskieren, um ihren Kindern Schulsachen hinterherzubringen, sich an keine Tempo-30-Zone oder kein Ampelrot haltend, immer nur den Gedanken im Kopf, das Kind leidet ob der vergessenen, zurückgelassenen Sachen? Um dann mit quietschenden Reifen vor dem Schulgebäude vorzufahren, aus dem Auto zu springen, das Schulbuch oder den Rucksack zu schwingen – während oben am Fenster des Klassenraums das Kind steht, lässig hinunterblickt und denkt: «Oh, Gott! Die Alte ist schon wieder da!»

Als ich diese Geschichte bei einem Seminar erzähle, brechen die Anwesenden in Lachen aus. Als sich alle beruhigt haben, sieht mich Carola Meinicke, Mutter des elfjährigen Marco, an: «Also, ich mag das ja gar nicht erzählen, bei mir war's noch viel schlimmer.» Dieser Satz macht alle neugierig.

«Also gut, ich erzähl's mal.»

Marco muss morgens schon früh zum Bus. Deshalb steht er alleine auf. Er macht es gern. Marcos Mutter bleibt noch im Bett. Marco hatte sich das gewünscht: «Ich bin doch groß. Ich kann das alleine!»

Aber ganz vertraut Carola Meinicke ihrem Sohn nicht. Sie schläft unruhig. Erst wenn die Haustür zuschlägt, sei sie beruhigt.

«Dann weiß ich, er ist auf dem Weg.»

Doch an diesem Morgen steht sie auf, nachdem Marco gegangen ist. Sie geht in den Flur – und was sieht sie? Auf dem Garderobentisch liegt Marcos Monatskarte für den Bus. Sie erschrickt – und ohne sich weiter Gedanken zu machen, rennt sie aus dem Haus, ihrem Sohn hinterher. Sie sieht ihn in der Ferne. Zwar ruft sie: «Marco! Marco!» Doch der hört nicht. Als sie am Nachbargrundstück vorbeiläuft, kommt Marcos Freund Janosch aus der Gartenpforte. Er grinst Marcos Mutter an: «Mensch, Frau Meinicke! Haben wir jetzt schon Fasching?»

Sie bleibt abrupt stehen, sieht an sich hinunter und ist entsetzt. Sie hat noch immer ihren Schlafanzug an.

Die anwesenden Seminarteilnehmer können sich vor Lachen kaum noch halten.

«So sind wir eben», erklärt eine Mutter, als es wieder still geworden ist.

«Was heißt, so sind wir eben, wir machen uns lächerlich», fällt ihr eine andere ins Wort, «nur weil wir ständig mit unserer Helferkappe herumlaufen.»

Wer kennt sie nicht – die Klagen über die trödelnden Kinder am Morgen oder Abend, wenn diese nicht in die Jacken und Schuhe kommen, um rechtzeitig irgendwo zu erscheinen. Viele Eltern fühlen sich für die Unpünktlichkeit und schlechten Angewohnheiten des Kindes persönlich verantwortlich, so als würden sie sich selber verspäten. Folglich braucht sich das Kind nicht zu verändern, weil es um den helfenden Engel in letzter Sekunde weiß, der – wenn auch murrend und knurrend – die Kastanien aus dem Feuer holt.

Kinder üben so eine indirekte, aber äußerst wirksame Macht über die Eltern aus. Sie spüren, wie unangenehm es Vater und Mutter ist, wenn sie unpünktlich im Kindergarten oder zum Unterricht erscheinen. Auf dieser Klaviatur spielen sie genüsslich ihre Melodie, geben den eigenen Rhythmus vor – und die Eltern tanzen nach ihrer Pfeife. Gegenüber Drohungen, jetzt sei Schluss mit den permanenten Rettungsaktionen, erweisen die Kinder sich als taub. Denn die Taten der Eltern sehen anders aus als deren meist im Zorn ausgestoßene Äußerungen. Worte erweisen sich als leere, wertlose Hülsen.

Kinder wissen die wüsten Verwünschungen («Sieh zu, wie du in die Schule kommst!», «Ist mir doch egal, welche Noten du schreibst!», «Ich fahr dich nie mehr in den Kindergarten!»), ausgestoßen im Zustand erhöhter hormoneller Irritation, aufgrund ihrer Alltagserfahrung richtig einzuschätzen: Solche Aussagen werden von ihren Eltern nach einiger Zeit kleinlaut oder missmutig, reuig oder entschuldigend zurückgenommen. Und sollte dies einmal nicht passieren – vielleicht haben die Eltern ja einen Ratgeber zum Thema «Grenzen setzen» gelesen –, dann haben Kinder ihre «Killer» parat, mit denen sie unangemessene Strafandrohungen mit einem Gemenge aus Charme, Hinterlist und dem Gespür für das Wesentliche aushebeln. Zum Beispiel gibt es die Wasserkraft-Methode (das ist verschärftes Schluchzen) oder die Erinnerung an den Ehrgeiz der Eltern («Gut, dann schreibe ich eben eine schlechte Note. Aber ihr seid schuld!»). Oder es wird ein Satz hingehaucht, begleitet von einem Gesichtsausdruck, der pure Verlassenheit ausdrückt und an die schier unendliche, alles verzeihende Mutterliebe appelliert: «Na ja, dann hast du mich eben nicht mehr lieb. So ist nun mal das Leben!» Kinder kennen die Achillesfersen ihrer Eltern am besten.

Wenn sie dieses Wissen für sich benutzen, dann tun sie das nicht, weil sie bösartige oder gemeine Wesen sind, sondern weil sie gut für sich zu sorgen wissen – so als wollten sie ihren Eltern sanft, doch unerbittlich zeigen: Seht, was ihr von uns lernen könnt! Wenn ihr schon schwach seid und auf unsere Überredungskünste so schnell reinfallt, dann müssen wir eben stark sein!

Kinder müssen die Folgen fühlen, die sich aus ihrem Verhalten, zum Beispiel der morgendlichen Trödelei, ergeben. Jedes Kind hat die Freiheit, Grenzen zu überschreiten, getroffene Absprachen zu missachten, verabredete Regeln zu übertreten, aber es muss zugleich Verantwortung für das eigene Tun übernehmen. Freiheit und Verantwortung gehören zusammen und sind untrennbar verbunden. Es geht also nicht, den Kindern die Freiheit zu geben und den Eltern die Verantwortung, nach dem Motto: «Ich ziehe die Handschuhe nicht an, aber Mama ist schuld, wenn ich friere!», oder: «Ich mag mich nicht beeilen, aber wenn ich zu spät komme, hat Papa die Schuld!»

ch bin bei dieser Sache auch mal reingefallen», erzählt Helga Ropers, Mutter der fünfjährigen Jessica. «Ich hab das Beste versucht, bin aber grandios gescheitert. Jessica hatte ihre Prinzessinnen-Zeit. Die zog sich jeden Tag die schönsten Sachen an. Ich hab dann gedroht, geflucht, sie wieder umgezogen. Jeden Tag hatten wir unsere Auseinandersetzung. Fürchterlich. Nur wenn mein Mann morgens da war, gab's kein Theater. Dann machte sie einen auf Aschenputtel. Ich war die Blöde, und er grinste wie König Allwissend: ‹Siehst du, Schatz!› So als wollte er sagen, lass Papa mal machen. Umbringen hätte ich ihn können.» Helga Ropers lacht.

«Da hatte Jessicas Erzieherin eine rettende Idee!» Die Mutter fasst den Entschluss, sich nicht mehr um die Kleidung der Tochter zu kümmern. Als sie das Jessica mitteilte, war diese überrascht, aber auch erleichtert. Denn der morgendliche Stress ließ nach, und die Situation entspannte sich. Ein paar Tage später kam Jessica genervt und traurig nach Hause, schimpfte über den Kindergarten und die blöde Erzieherin Irene. Sie beklagte sich, keinen Spaß mehr im Kindergarten zu haben. Ihrer Mutter ist noch lebhaft in Erinnerung, wie Jessica jammerte: «Die anderen spielen draußen, und ich stehe drinnen rum. Die klettern und toben, und ich kann nur basteln und singen!» Die mütterlichen Fragen nach den Gründen wehrte Jessica ab: «Ach, weil die alle doof sind.» Sie wollte gar nicht mehr dahin. Doch ihre Tochter habe sich besonnen und erschien am nächsten Morgen mit Jeans und Pullover am Frühstückstisch, verlangte gar nach ihren Gummistiefeln. «Immer Prinzessin sein ist doch auch blöde, oder?»

Jessica hat die Konsequenzen ihres Tuns gefühlt. «Mir tat es zwar schon leid», erzählt die Mutter im Nachhinein, «dass sie nicht mitspielen konnte.» Sie lächelt: «Und als sie so schimpfte, habe ich innerlich geschmunzelt. Aber ich muss nach außen wohl anders gewirkt haben. Und so ähnlich ging es der Erzieherin auch.»

Haben Kinder das Gefühl, Erwachsene spielen nur mit Konsequenzen, dann reagieren sie darauf genauso, als wenn Eltern verlässlich als Retter in letzter Minute auf den Plan treten. Erziehung meint auch, Kinder Verantwortung übernehmen zu lassen. Sie können dies, wenn sie sich in der Eltern-Kind-Beziehung aufgehoben fühlen und wenn ihr Verantwortungsbereich alters- und entwicklungsangemessen ist.

Jessicas Verhalten verdeutlicht das: Die Mutter zieht sich aus dem Konflikt – nicht jedoch von Jessica – zurück. Sie lässt ihre Tochter nicht auflaufen, als sie sauer aus dem Kindergarten kommt – nach dem Motto eines Besserwissers: «Siehst du, das hast du davon. Ich hab's dir ja gesagt.» Jessica spürt die Folgen ihres Tuns, aber die Mutter überschüttet sie weder mit großem Mitleid («Mein armes Kind leidet im Kindergarten!»), noch versucht sie, den Konflikt für die Tochter zu lösen («Vielleicht ziehst du was anderes an!»). Zwar gibt Jessica zunächst den anderen Kindern und der Erzieherin die Schuld dafür, dass es ihr schlecht geht – eine Übertragung, die für jüngere Kinder völlig altersangemessen ist. Dann aber setzt sie sich mit der Situation auseinander und kommt zu einer für sie akzeptablen Lösung.

«Mir ist es ähnlich gegangen», berichtet Monika Seibold. «Mein Patrick ist morgens eine lahme Ente. Er geht alleine in den Kindergarten. Aber ehe es so weit ist, habe ich tausend Schweißausbrüche. Und er gibt den Oberklugscheißer: ‹Reg dich nicht auf! Die fangen dort erst an, wenn ich komme!› Das stimmte auch. Die warteten tatsächlich, bis Patrick eintraf. Aber eines Tages hatte auch Martina, seine Erzieherin, die Schnauze gestrichen voll. Sie sagte, wenn er nicht rechtzeitig komme, müsse er so lange vor der Tür warten, bis das Morgenlied vorbei sei. Martina hat's leidgetan, mir auch. Noch als er nach Hause kam, war er todtraurig, Tränen liefen über sein Gesicht. Ich habe ihn dann in den Arm genommen, getröstet, aber nicht die Glucke raushängen lassen. Doch das Erlebnis führte noch nicht zu einer Verhaltensänderung. Am nächsten Tag stand ein Wanderspaziergang an. Er kam wieder zu spät, die Gruppe war weg. Er musste den Tag über zu einer anderen Erzieherin, die er partout nicht mochte. Da musste er ganz brav sein, und das ist für meinen Sohn die schärfste Übung.»

Sie grinst: «Als er an diesem Tag aus dem Kindergarten kam, meinte er: ‹Mama, ich möchte pünktlich bei Martina sein! Hilfst du mir?› Also hab ich drei Eieruhren gekauft, die eine Melodie spielen: eine, damit er weiß, wann er spätestens aus dem Bett muss, eine fürs Waschen und Duschen, eine, dass er weiß, jetzt geht's los. Er durfte sich die selber einstellen. Patrick wollte länger im Bett bleiben und entschied sich, dafür kürzer zu frühstücken. Tja, und er war pünktlich – ohne Stress, ohne Hektik.» Sie schmunzelt. «Das ist jetzt absolut ruhig bei uns. Neulich hat er zu mir gesagt: ‹Lass uns mal wieder unpünktlich spielen, und dann schreist du.› »

Patrick hat die Konsequenzen seines Tuns erfahren und daraus seine Schlüsse gezogen. Diese Geschichte verdeutlicht noch etwas anderes: In vorbestimmte Zeitstrukturen eingebunden zu sein muss nicht in Stress und Hektik enden. So ist es Patrick gelungen, noch in der morgendlichen Situation sein individuelles Tempo zu bestimmen, sich so einzurichten, wie er es als angenehm empfindet. Dies kann gelingen, wenn die erwachsenen Bezugspersonen nicht als Oberlehrer auftreten und ihre Macht durchsetzen wollen, sondern einem Kind einen verlässlichen Rahmen anbieten, in dem es sich entwickeln, Missgeschicke aushalten und eine eigene Lösungsstrategie entwickeln kann.

3. «Wann schläfst du endlich durch ...? –
Das Ein- und Durchschlafen

Ziemlich ratlos wirken Martin und Roswitha Schneider in ihrer Mischung aus Hilflosigkeit und Wut. Ihre Tochter, die dreijährige Petra, schlafe partout nicht ein. Sie zögere alles hinaus. «Meistens muss einer von uns bei ihr schlafen», berichtet der Vater. «Wir haben alle Tricks ausprobiert, Schlaftrainings mit ihr gemacht usw. Nichts klappt. Was sollen wir bloß machen?»

«Noch ein zweites Kind zeugen!», antworte ich spontan.

«Wie bitte?» Die Mutter von Petra wirkt irritiert.

«Das schläft meistens ein», erkläre ich schmunzelnd, «und Sie erleben sich als Eltern mit einem einschlafenden Kind.»

«Wirklich?» Sie schaut ihren Mann an: «Das wäre doch schön, oder?» Und nach einer Pause fügt sie hinzu: «Sie glauben gar nicht, wie man zum Versager abgestempelt wird, wenn das Kind nicht durchschläft. Und dann diese Schuldgefühle!»

Martin Schneider ist nicht ganz zufrieden: «Aber jedes Kind kann doch einschlafen!»

«Manches Kind *will* nicht einschlafen!», lache ich ihn an.

«Wie das?», hakt seine Frau nach.

«Manche Kinder finden das Zubettgehen langweilig, fürchten sich vorm dunklen Zimmer», erkläre ich. «Oder haben Angst, in der Nacht zu sterben und die Eltern nicht mehr wiederzusehen. Manchmal verbirgt sich hinter Zubettgehproblemen auch Furcht vor Träumen. Wieder andere Kinder haben das Gefühl, abgeschoben zu werden, oder phantasieren, die abendliche Trennung von den Eltern sei endgültig.»

Probleme, die mit dem Zubettgehen zusammenhängen, verursachen in vielen Familien Stress. Es ist grob vereinfachend, ja fahrlässig, die Ursachen dafür ausschließlich bei den Eltern zu suchen. Das Temperament und die Konstitution des Kindes prägen nachhaltig das abendliche Zubettgehverhalten.

Kinder kommen mit einem unterschiedlichen Schlafquantum aus. Dieses verändert sich zwischen dem ersten und sechsten Lebensjahr. Um die Schlafmenge, die für das eigene Kind passend ist, herauszufinden, eignet sich ein Schlaftagebuch, in das man über Wochen die Schlaf- und Wachzeiten des Kindes notiert. So kann man feststellen, wie viel Schlaf ein Kind braucht oder ob Eltern dem Kind zu viel (oder auch zu wenig) Schlaf verschreiben.

Viel zu häufig nehmen Eltern diese individuellen Unterschiede der Kinder nicht ernst. Man schert sie über einen Kamm: Während einige Säuglinge 18 Stunden Schlaf brauchen, kommen andere mit zwölf Stunden aus. Dabei wird übersehen, dass sich die Schlafbedürfnisse mit der körperlichen, emotionalen und intellektuellen Reifung des Kindes verändern. Je mehr die Kinder wachsen, desto weniger Schlaf brauchen sie häufig, wieder andere brauchen mehr.

Sie hätten viele der einschlägigen Bücher über den Schlaf von Kindern gelesen und viele Tipps beherzigt, erzählen mir Hermann und Rita Hager. Trotzdem schlafe der fünfjährige Robert schlecht ein. Worauf sie das zurückführen? Ratlosigkeit. Ob es Zeiten gebe, in denen das Problem weniger auftauche, will ich wissen. «Im Urlaub!», antwortet Roberts Mutter. Da gehe es ruhiger zu, nicht so hektisch. «Stimmt schon», pflichtet Herr Hager seiner Frau bei. «Wir sind im Alltag sehr eingespannt, manchmal fällt das Gutenachtritual in der Woche ganz aus. Dann habe ich ein schlechtes Gewissen. Am nächsten Tag darf Robert dann länger aufbleiben. Und am übernächsten Tag fragt er, warum er heute so früh ins Bett muss.» Das alles sei im Urlaub lässiger. «Da ist man gelassener und zugleich auch konsequenter.»

Gerade wenn ihr Mann unter der Woche mal nicht da sei, erläutert mir Frau Hager, dürfe Robert länger aufbleiben. «Dann lege ich mich manchmal zu ihm. Ich benutze ihn eben hin und wieder als Kuschelkissen. Aber Sorgen mache ich mir schon, denn ich weiß, wie viel Zeit ein Kind zum Schlafen braucht. Oft schläft Robert nicht sofort ein, spielt in seinem Zimmer noch oder brabbelt vor sich hin. Dann schaue ich nach und dränge ihn zum Einschlafen.»

Auch wenn ein Drittel aller Kinder mit Einschlafproblemen zu kämpfen hat, sollte man kein Riesenproblem daraus machen, wenn Kinder nach dem Zubettgehritual noch eine Weile wach liegen. Kinder schlafen nun mal nicht auf elterliches Kommando ein. Es gibt keinen Schalter, der sich auf nächtliche Ruhe umstellen lässt. Kinder sind keine Maschinen. Und so inszenieren sie nach dem Gutenachtkuss oder dem Gebet noch eigene Rituale, mit denen sie endgültig zur Ruhe kommen. Sie nehmen sich ihr Kuscheltier, vertrauen ihm Sorgen, Nöte oder spannende Erlebnisse aus dem Alltag an.

Manchmal haben Zubettgeh- und Einschlafprobleme oberflächlich anmutende Ursachen, die mit kleinsten Veränderungen anzugehen sind. Dies kann an den Hagers veranschaulicht werden:

- Bindet man das Zubettgehen nicht in ein ruhiges Ritual ein, geraten alle Beteiligten unter Druck. Rituale zeichnen sich durch Regelmäßigkeit und durch einen immer gleichen Ablauf aus. Passt der nicht mehr, so kann man ihn neu gestalten oder mit anderen Inhalten füllen. Rituale, über die jeden Abend diskutiert wird, verlieren an Wert, geben keine Vertrautheit und Sicherheit. In das Ritual kann das Erzählen über Erlebnisse des Tages eingebunden sein. Dadurch entlastet sich ein Kind von seinen Sorgen.

- Kinder brauchen das Schmusetier, die Lieblingspuppe oder einen Gegenstand, der das Gefühl des Alleinseins nicht aufkommen lässt. Die Heranwachsenden lernen so, sich bei Einschlafproblemen selber zu helfen. Deshalb sind Rituale besonders hilfreich, die das Kind selbst entwickelt. Ständiges Nachschauen der Eltern, aber auch unregelmäßige Schlafenszeiten sind nicht dazu angetan, Zubettgeh- und Einschlafprobleme zu beseitigen.

- Wenn Kinder chronisch über das zu frühe Zubettgehen klagen, liegt das möglicherweise auch an zunehmender Selbständigkeit. Führen Sie ein Schlaftagebuch. Bedenken Sie: Sie haben kein unnormales Kind, wenn es nicht ins Bett will oder verzögert einschläft. Bauen Sie keinen Stress um diese Situation herum auf, weil daraus über kurz oder lang ein Beziehungsstress wird.

«Mein Sohn», so schildert Manuels Mutter die Situation, «kommt fast jede Nacht mit seinem Bettzeug angedackelt. Das muss doch irgendwann aufhören. Er ist doch schon vier Jahre alt. Da kann er doch mal in seinem Zimmer bleiben.»

«Haben wir auch gedacht», erzählt der Vater von Theresa. «Unsere Tochter ist jetzt acht und legt sich noch jede Nacht zu uns.» Manchmal mache die sich so breit oder wühle herum, dass «ich ausziehe oder meine Frau. Dabei hat Theresa ein schönes Zimmer.»

Viele Eltern wissen von den Auszügen ihrer Kinder aus dem eigenen Zimmer unter Besetzung des elterlichen Schlafzimmers und der Inanspruchnahme fremder Betten zu berichten. Und dabei reagieren Kinder höchst unterschiedlich: Die einen krabbeln vorsichtig und klammheimlich meist zu Mama, seltener zu Papa, schlafen schnell ein; andere künden laut von ihrer Ankunft, nehmen besitzergreifend Platz, wälzen und schmeißen sich elefantengleich hin und her, treten um sich und Eltern dorthin, wo es denen wehtut. Nachtruhe, ade!

Durchschlafprobleme treten bei vielen Neugeborenen und jüngeren Kindern auf, die erst ihren eigenen Schlafrhythmus finden müssen – frühestens pendelt er sich im vierten Lebensmonat ein. Aber bedenken Sie: Dies kann von Kind zu Kind höchst unterschiedlich sein. Und schon die kleinste Unregelmäßigkeit, die aus der Sicht des Erwachsenen noch so selbstverständlich sein mag, kann einen gewohnten Schlafrhythmus völlig außer Kraft setzen. Das kann der bevorstehende Urlaub ebenso sein wie die Vorfreude auf das Weihnachtsfest, der angekündigte Besuch der Großeltern wie der nahende Schulbeginn – von einer gerade überwundenen Krankheit, der Geburt eines Geschwisterkindes, einem Umzug oder Krisen in der Beziehung der Eltern ganz zu schweigen.

Viele Kinder lernen einen eigenen Schlafrhythmus erst langsam und allmählich, der dann leider schnell wieder durcheinandergewirbelt werden kann. Alles beginnt von vorn. Je jünger ein Kind ist, umso gravierender können sich äußere Einflüsse auswirken, ja manche Kinder wollen nach einem krisenhaften Ereignis nur noch bei den Eltern schlafen. Dies bringt Belastungen mit sich, stellt Eltern wie Kinder auf eine Geduldsprobe. Patentrezepte für solche Krisen gibt es nicht. Auch das von Generation zu Generation weitergegebene Erfahrungswissen hilft in diesem Fall gar nicht: «Schreien stärkt die Lunge!», oder: «Lasst Kinder nicht bei euch schlafen! Denn was Hänschen nicht lernt, lernt Hans niemals!» Das sind pauschale, wenig hilfreiche Vorurteile. Kinder sind lernfähig. Und Eltern brauchen tagtäglich viel Phantasie.

Man kann Fünf- oder Sechsjährigen das eigene Bett mit Argumenten wesentlich schmackhafter machen als Zweijährigen, die sich nach Zuwendung und Nähe sehnen. Und man sollte nicht vergessen: Kinder, die nachts kommen, sind alles andere als unselbständig. Gerade wenn sie tagsüber eigene Wege gehen und autonom handeln, ihre Eltern kaum brauchen, suchen sie nachts Geborgenheit, um für den kommenden Tag aufzutanken.

Doch Eltern sind keine uneigennützigen Tankstellen! Sie haben das Recht auf einen ungestörten, gesunden Schlaf, weil sie Energien für ihre Aktivitäten brauchen. Aber solange sie sich nicht durch den Einzug der Kinder in ihr Schlafgemach gestört fühlen, sollten Eltern nicht von einem Durchschlafproblem reden.

«Mich hat es schon genervt», erzählt mir eine Mutter. «Ich konnte schlecht wieder einschlafen. Dann habe ich meinem Sohn einen Ring von mir in ein gebrauchtes Halstuch gewickelt und ihm unter das Kopfkissen gelegt. Und wenn er aufwachte oder leicht schlief, hat er sich das Tuch gegriffen und ist selig wieder eingeschlafen.»

«Ich habe es», schmunzelt eine andere Mutter, «mit meinen Locken geschafft. Das hat mir meine Friseuse geraten. Als sie mir die Haare abschnitt, habe ich ein Büschel zusammengebunden und es meinem Sohn unter das Kissen gelegt. Der schläft jetzt durch.»

Diese Mütter haben alltägliche, naheliegende Mittel gewählt, um den Gang ins elterliche Schlafzimmer überflüssig zu machen. Mittel, die schon seit Jahrhunderten zum Grundbestand erzieherischen Handelns gehören: Wenn Kinder nachts leicht schlafen oder aufwachen und dann vertraute Gegenstände und Gerüche um sich wissen, vermittelt ihnen das Geborgenheit. Denn viele Kinder wollen nicht unbedingt die Nähe der mütterlichen Person, sondern es reicht ihnen, wenn diese symbolisch gefühlt oder gespürt wird. Da ich schon bei Hausmitteln bin, hier noch drei Tipps:

- Wenn Ihr Kind häufig bei Ihnen im Bett einschläft, weil es dort so gemütlich ist, kann dies auf vertraute

Gerüche zurückgehen. Beziehen Sie das Kinderbett mit dem Kopfkissen, Decke und Laken, in denen Sie einige Tage gelegen haben. Wenn Ihr Kind in der Nacht aufwacht, erfährt es instinktiv elterliche Nähe.

- Legen Sie ein getragenes Kleidungsstück unter das Kopfkissen des Kindes. Wenn Sie befürchten, auf diese Weise einen kleinen Fetischisten heranzuziehen («Aber fixiere ich meinen Sohn nicht dadurch auf bestimmte Objekte?», fragte mich jüngst eine besorgte Mutter), nehmen Sie das vertraute Schmuseobjekt des Kindes. Vertraut ist das Kuscheltier aus dessen Sicht aber nur, wenn es durch den Speichel unverwechselbar geworden ist. Sie habe neulich den Teddy ihres Sohnes gewaschen, berichtet eine Mutter, weil sie befürchtete, er werde davon krank. «So schlimm sah der aus. Aber mein Sohn hat ein Theater gemacht und kam jede Nacht zu uns. Erst als der Teddy wieder gestunken hat, blieb er in seinem Bett!»
- Hilfreich kann auch ein «Schweißtuch» sein. Dieses ist einfach herzustellen: Mütter legen sich ein Stofftuch in Höhe des Bauchnabels, sodass dieses Tuch einen unverwechselbaren, nur dem Kind vertrauten Geruch annimmt. Dies macht man drei oder vier Tage lang. Dann legt man es unter das Kopfkissen des Kindes. Und es schläft, als ob lauter Gerüche aus Tausendundeiner Nacht herumschwirrten.

Aber solche Tipps sind keine Allheilmittel!

In jedem Fall ist Gelassenheit angesagt. Rigidität und Prinzipienreiterei wirken sich eher hinderlich aus. «Mein Sohn ist jetzt schon sechs», berichtet eine Mutter ängstlich. «Und er kommt noch fast jede Nacht.»

«Was ist Ihre größte Angst?»

«Dass er damit nie aufhört!», antwortet sie spontan.

«Wenn der eine Freundin hat, kommt er bestimmt nicht und stellt sie Ihnen im Bett vor!», prognostiziere ich.

«Meinen Sie?», lächelt sie irritiert. «Und sollte er das doch tun, komme ich sofort zu Ihnen, Herr Rogge!»

«Dann bekommen Sie einen Notfalltermin», verspreche ich.

Man kann Durchschlafprobleme ebenso dramatisieren wie durch pädagogisches Handeln verstärken.

Ein Kind, das nachts weint, will Beziehung, Unterstützung. Bekommt es diese nicht, schläft es unruhiger ein, wacht häufiger auf, um sich mütterlicher und väterlicher Nähe zu vergewissern. Auch tagsüber agiert es unsicherer und gehemmter, lässt Eltern seltener los. Darum ist elterliche Hilfestellung beim nächtlichen Erwachen wichtig. Aber es gilt, eine Mitte zu finden: Gibt man zu viel oder zu wenig Aufmerksamkeit, kann sich das Problem verselbständigen. Nicht jedes leise Gewimmer sollte zum Anlass genommen werden, sofort mit Blaulicht ins Kinderzimmer zu rennen, um das Kind in den Arm zu nehmen. Sonst können Kinder lernen, elterliche Nähe zu erzwingen. *Kurze* Momente der Unlust können Kinder aushalten, wenn sie sich in der Beziehung sicher und aufgehoben fühlen. Sitzt die Verunsicherung tiefer, werden die Kinder lautstark um Hilfe nachsuchen. Ein zu früher Eingriff hält Kinder davon ab, selbst nach einer Lösung für den Frust zu suchen.

Nochmals: Zubettgehschwierigkeiten, Durchschlafprobleme sind normal und nicht allein erziehungsbedingt. Temperament und Konstitution des Kindes prägen das

Verhalten in diesen Fragen entscheidend mit. So dienen pädagogische Maßnahmen nur bedingt als Korrektiv. Gleichwohl gibt es einfache Möglichkeiten für Eltern, Probleme anzugehen und eigene Lösungen zu finden:

- Prüfen Sie zunächst: Wollen Sie wirklich die Schlafprobleme der Kinder ändern? Oder ist es Ihnen recht, wenn Ihr Kind manchmal länger aufbleibt, um Ihnen die Einsamkeit zu vertreiben? Wenn man Veränderungen nicht *wirklich* will, sollte man sich nicht unter Druck setzen. Das Leben in chaotischen Zuständen kann süßer sein als das bittere Leben in Normen, denen man vergeblich gerecht werden will. Dann gilt es aber, sich im Chaos häuslich einzurichten.

- Schlaftagebücher können das Ausmaß des Schlafproblems genauer bestimmen. Und dann wird manchmal deutlich, dass das Problem gar nicht so gravierend ist, wie man annimmt. Souffleure von außen machen gern aus der Mücke einen Elefanten. Oder man begreift, dass die Lösung des Problems zum Greifen naheliegt, zum Beispiel das regelmäßige Zubettgehritual zur Routine zu machen oder anzuerkennen, dass eine Krankheit die Durchschlafprobleme mit ausgelöst hat.

- Fragen Sie sich: Haben die Ein- und Durchschlafprobleme mit der Stimmung in der Familie zu tun? Liegen diese Probleme in der Geschwisterrivalität begründet? Stören gemeinsame Schlafräume die unterschiedlichen Schlafrhythmen der Kinder? Lassen Sie *zu viele* Ausnahmen beim Zubettgehritual zu? Lassen Sie sie dann zu, wenn Sie ein schlechtes Gewissen haben? Oder drückt sich in den Problemen eine wachsende Selbständigkeit des Kindes aus? Führt man das Gutenachtritual konsequent und zu festgelegten Zeiten durch?

- Suchen Sie nicht nach Schuldigen, wenn es zu Problemen kommt, finden Sie Lösungen. Die liegen näher, als man denkt. Wenn Kinder aufwachen, dann kann eine eingeschaltete Nachtbeleuchtung, ein vertrauter Gegenstand helfen. Nehmen Sie Ihr Kind nicht sofort aus dem Bett, zeigen Sie keine übertriebenen Beileidsbekundungen. Streicheln Sie Ihr Kind nur kurz! Äußern Sie die Erwartung, dass es schon bald wieder einschlafen wird.
- Kinder können (durch)schlafen lernen – irgendwann! Eltern können dabei unterstützen, begleiten, Hilfestellung anbieten. Das Tempo vorgeben können sie nicht. Das bestimmen die Kinder. Und die Geschwindigkeit kann höchst unterschiedlich sein. Vergleichen Sie deshalb Kinder nicht ständig miteinander. Damit setzen Sie sich und Ihr Kind unter Druck, erzeugen Versagensgefühle und berauben sich letztlich selbst des Schlafs.

Es gibt kein Zaubermittel, das Problem sofort zu lösen. Kinder können manchmal wahre Wunder vollbringen, wenn man sie lässt. Aber Wunder brauchen Zeit, um wahr zu werden.

Der fünfjährige Boris kommt noch jede Nacht zu den Eltern – zum immer gleichen Zeitpunkt. Zwar schläft er sofort ein, aber die Eltern, vor allem die Mutter, fühlen sich gestört, verlassen irgendwann die Schlafstätte und wandern ins Bett des Sohnes aus. Die Eltern reagieren zunehmend säuerlich. Boris ändert sein Verhalten nicht. Weder Strafandrohungen noch Belohnungen ändern etwas. Die Mutter ist mit ihrem Latein und ihren Nerven am Ende. Ich rate ihr, Boris einmal zu fragen, wann er alleine schlafen werde. «Und meinen Sie, der antwortet darauf etwas Gescheites?» Sie ist skeptisch. Als sie ihm Anfang September die Frage stellt, antwortet er selbstbewusst: «Wenn der Nikolaus kommt!» Ungläubig wiederholt sie die Frage, und ebenso souverän antwortet er. Boris kommt weiter jede Nacht, die Eltern vermeiden auf meinen Rat hin, das Thema erneut anzusprechen. Der Dezember naht, Boris macht keine Anstalten, seine Schlafgewohnheiten zu ändern. Ende November sagt er plötzlich zu seiner Mutter: «Ich will den Nikolaus überraschen. Ich will alleine schlafen. Du musst mir dabei helfen!»

Boris hat sich einen genauen Plan ausgedacht: Seine Mutter solle ihn zurücktragen, wenn er kommt, aber beide Türen auflassen. «Du musst die Lampe anmachen und mir deinen Schal ins Bett legen!» Dieses Ritual zieht sich über vier Tage hin, am fünften Tag schläft Boris schon in seinem Zimmer durch. Am Morgen sagt er: «So, Mama! Ab heute Nacht komme ich gar nicht mehr, und die Tür kann auch zu bleiben. Nur die Lampe muss brennen!» Als er in den Kindergarten geht, meint er stolz: «Da wird sich der Nikolaus aber wundern!»

Als er am Nikolausabend seinen Schuh ans Fenster stellt, legt er ein selbstgemaltes Bild hinein. Darauf ist ein Bett zu sehen, in dem ein Junge liegt, der schläft. Neben sich ein überdimensioniertes Kuscheltier, in der Ecke eine Lampe und hinter dem Fenster ein voller Mond mit einem friedlichen Gesicht, der die ganze Szenerie bewacht. Die Mutter muss noch den Satz «Nikolaus, Boris schläft alleine» hinzuschreiben. «Damit der Bescheid weiß!» Als das Bild am nächsten Tag verschwunden ist, lacht Boris: «Der hat sich bestimmt gewundert!» Und dann lächelt er seine Mutter an: «Wenn Boris was will, macht er das!»

«Und wenn nicht, dann macht er es auch nicht», führt die Mutter fort. Boris grinst vielsagend.

4. «Bäh! Das mag ich nicht ...» –
Vom Essen

«Mein Vater», so erinnert sich eine Mutter, «bekam das größte Stück Fleisch. Und wenn er redete, hatte man still zu sein. Darauf achtete schon meine Mutter!»

«Kinder bei Tisch, stumm wie ein Fisch», bricht es aus Robert Müller, Vater zweier Kinder, heraus. «Das fällt mir ein, wenn ich an das Essen von früher denke. Und wehe, man stützte den Kopf auf den angewinkelten linken Arm, aß zu lässig mit der rechten Hand. Dann konnte es passieren, dass mein Vater den linken mit Gewalt wegschlug. Der hatte eben auf dem Tisch neben dem Teller zu liegen.»

«Bei uns wurde gegessen, was auf den Tisch kam», erzählt Johanna Behrens, heute selbst Mutter von drei Kindern. «Und was gab es für einen Krach, wenn wir revoltierten. Dann fingen die Eltern von der schlechten Zeit und dem Krieg an zu erzählen und wie gut wir es heute hätten.» Sie stockt: «Tja, ob wir es heute eigentlich anders machen? Bei dem Wahn um die gesunde Kost. Ich weiß nicht.» Sie ist nachdenklich: «Manchmal glaube ich schon, wir setzen die Kinder arg unter Druck. Und dann können die nicht mal protestieren, weil wir es ja gut meinen. Wir haben unsere jüngste Tochter früh an das Essen mit dem Löffel gewöhnt, dann diesen gesunden Saft und jenes gesunde Gemüse. Alles nur das Beste, versteht sich.»

Ein Vater schmunzelt: «Und wenn dann die Kinder

meckern, dann gibt's 'ne Moralpredigt. Wir meinen es absolut gut mit den Kindern, wir aufgeklärten Eltern. Da lobe ich mir manchmal so 'n alten Knochen von früher.» Er lacht: «Ich hab, wenn's zu viel war früher, unsere Katze unter dem Tisch gefüttert oder die Suppe in den Gummibaum hinter mir geschüttet. Der war zäh. Nur die Katze hat's mir übel genommen und mir hin und wieder ins Bett gekotzt.» Aus diesen Kommentaren wird deutlich, wie sich am Essen so mancher Streit entzündet.

Er müsse vor allem Gesundes essen, berichtet der neunjährige Thomas. Seine Mutter backe das Brot selber. Er habe eine richtige Vollwertmutter. «Fürchterlich! Die ist richtig fanatisch!»

Fritz lacht, als er das hört: «So sind meine Eltern nicht. Aber ich muss essen, was auf den Tisch kommt. Und meine Eltern», so fügt er ironisch hinzu, «wissen, was mir schmeckt und was ich essen muss!» Besserwisserei fordert Kinder geradezu heraus, subversiv zu reagieren, um sich gegen die elterliche Dominanz zu behaupten.

Nochmals Thomas: «Ich tausche in der Schule gleich meine Sesambrötchen gegen Bonbons von Dirk. Der ist ganz scharf drauf.» Während manche Eltern sich geradezu fundamentalistisch auf das «richtige» Essen stürzen, die Tischsprüche aus der Vergangenheit unter «gesunden» Vorzeichen reproduzieren, ist anderen Eltern das Essverhalten ihrer Sprösslinge ziemlich gleichgültig. Dort lernen Kinder weder den Wert von gemeinsamen Tischritualen noch den eines selbstzubereiteten Essens schätzen – Fastfood, Burger, Fritten und Majo prägen die Geschmacksnerven. Durfte man einst nicht mit vollem Mund reden, das Essen nicht mit den Händen anfassen, so werden die Regelverstöße nun zur Regel: den Hamburger mit den Fingern begrapschen, und die Versuche, einen Burger in den Mund zu bugsieren, ohne zu kleckern.

Kommt bei den einen das Essen einer Dressur gleich, überwiegt bei den anderen ein gleichgültiges Laisser-faire; wird bei der einen Familie aus dem Essen ein erzieherischer Akt von hoher Wertigkeit, verkennen andere die symbolische und die reale Bedeutung, die Mahlzeiten haben. Die Machtausübung des Essens, unter der viele Eltern einst gelitten haben, setzt sich unter veränderten Vorzeichen bis in die Gegenwart fort: Da zwingt man Kinder zum Essen, nur weil man es nach den fortschrittlichsten Methoden gart. Da belohnt man mit Bonbons oder bestraft mit Süßigkeiten, negiert man das Lustprinzip beim Essen, indem man es zum erzieherischen Problem aufbauscht, über das Eltern Moral vermitteln und Macht demonstrieren. Dass man bei den Mahlzeiten Geselligkeit und Atmosphäre, Genuss und kommunikatives Miteinander ausdrücken und leben kann – dieser Gedanke kommt in vielen Familien zu kurz. Während bei den einen Vollwert- und Gesundheitsfundamentalismus herrschen, dominiert bei den anderen das kulinarische Nichts oder die schöne neue Fastfood-Welt.

Die Kinder fühlen sich bei der Essdressur unwohl. Je mehr sie den Zwang spüren, der über das Essen oder auch während der Mahlzeiten ausgeübt wird, desto stärker reagieren sie auf die Situation.

«Aber soll man denn Kinder nicht zum richtigen Verhalten am Tisch erziehen? Wenn man darauf nicht achtet, entsteht doch das reinste Durcheinander!», klagt eine Mutter, die vehement für Ordnung am Tisch plädiert. Zweifelsohne ist es wichtig, dass Kinder den Wert von Tischritualen erfahren und Mahlzeiten mehr als bloße

Nahrungsaufnahme sind. Nicht allein für Kinder stellt die Atmosphäre, in der man isst und trinkt, einen bedeutsamen Faktor dar. Kinder – vor allem jüngere – essen am liebsten in Gesellschaft. Und dazu brauchen sie Vorbilder.

Wenn Eltern ihr Essen nur so hineinstopfen, machen es Kinder ihnen bald nach. Wenn Eltern zu früh zu Tischmanieren erziehen, bauen Kinder kein lustvolles Verhältnis zum Essen auf. Man muss es also weder sich noch anderen beweisen, dass ein Kind bereits zwischen ein und zwei Jahren einen Ess-Knigge-Kurs mitgemacht hat, als Gourmet auf die Welt gekommen ist, der das Messerbänkchen ebenso souverän benutzt wie das Hummerbesteck. Jüngere Kinder spielen bei Tisch. Und mit Mund, Lippen und Zunge untersuchen sie Speisen. Dies sieht nicht immer ästhetisch aus. Aber sinnlicher ist es allemal, und damit beweisen Kinder häufig sensiblere Geschmacksnerven als die erwachsenen Spesenritter, die zwischen den Gängen eines vorzüglichen Menüs eine Zigarette rauchen oder das Handy benutzen.

Beherzigt man ein paar pragmatische Tipps, dann gewährleistet das noch kein reibungsloses, dafür aber sicher ein stimmungsvolles Miteinander.

- Zwar ist die Schmuddeltoleranz von Familie zu Familie unterschiedlich, doch ist das Kleckern für jüngste und jüngere Kinder einfach normal. Ein Lätzchen oder eine Auffangschale, ein Wachstuch auf dem Tisch oder unter dem Stuhl kann den Stress, den die Kleckerei mit sich bringt, erheblich reduzieren.
- Statt Kinder zu früh an die Funktion von Messer, Gabel und Löffel zu gewöhnen, reicht es, wenn sie zunächst nur den Gebrauch des Löffels erlernen. Damit können Kinder experimentieren, ihre Fingerfertigkeit

erproben, erfahren, was es bedeutet, Gegenstände in der Hand zu balancieren. Und dass der Löffel ein wunderbares Instrument darstellt, mit dem man Lebensmittel untersuchen, zerkleinern und zermatschen kann, ist für Kinder mit ihrem Einfallsreichtum selbstverständlich.

- Lange Mahlzeiten sind Kindern ein Gräuel. Je jünger ein Kind ist, desto schneller wird es ungeduldig, verlangt es nach Abwechslung. Das hängt zweifelsohne auch mit dem individuellen Temperament, mit der Atmosphäre, der Geschwisterkonstellation, natürlich auch mit der Qualität des Essens zusammen. Jüngere Kinder können aufkommende Ungeduld durch kleine Spiele bei Tisch abbauen, Vor- und Grundschulkinder ziehen sich gern nach Einnahme der Mahlzeit in eine Spielecke oder das Kinderzimmer zurück.

- Bei Kindern schwankt der Appetit. Und deshalb sollte der elterliche Zwang, noch mehr zu essen, genauso unterbleiben wie die Aufforderung, Bestimmtes zu essen. So negiert man das Lustprinzip. Bedenken Sie: Kinder lieben «schlechte» Nahrungsmittel. Dies vor allem dann, wenn es Eltern Schweißperlen auf die Stirn treibt. So notwendig es ist, auf eine ausgewogene Ernährung zu achten, so wichtig ist es für Kinder, in das Land jenseits der Gesundheit zu blicken, um dort hin und wieder von verbotenen Früchten so lange zu naschen, bis einem schlecht wird. Eltern können noch so sehr vor den Bauchschmerzen warnen, die man davon bekommt. Erst wenn Kinder diese selbst erleben, haben sie einen Begriff von Bauchschmerzen und lassen die verbotenen Früchte beiseite. Oder auch nicht!

- Über gesunde Kost wird viel geredet, über die notwendige Aufnahme von Flüssigkeit werden weniger Worte verloren. Dabei kann kohlensäurearmes Mineralwasser, können verdünnte Säfte und ungesüßte Tees Hungergefühle verdrängen. Und obendrein sind sie für das physische und psychische Wohlbefinden der Kinder unerlässlich. Gerade bei Schulkindern sind Müdigkeit und Unkonzentriertheit manchmal auf eine zu geringe Aufnahme von Flüssigkeit zurückzuführen.

Vor allem darf das Essen kein Dressurakt sein. Gleichwohl stellt der Familientisch einen sozialen Ort dar, an dem Rücksichtnahme und Gesprächskultur erlernt werden.

Dazu einige Tipps, damit nicht automatisch die Person mit der lautesten Stimme gewinnt:

- Benutzen Sie einen Sprechstein. Wer den in der Hand hält, darf reden.
- Lassen Sie sich zu Beginn der Mahlzeit von den Erlebnissen aus Kindergarten und Schule berichten. Sie finden sonst kein Gehör!
- Fragen Sie Ihre Kinder nicht aus! Warten Sie ab, bis die Kinder anfangen, von sich aus zu erzählen. Sie können Ihre Anteilnahme anders zeigen als durch Formulierungen wie: «Wie war's heute in der Schule?», «Was habt ihr im Kindergarten gemacht?», «Welche Hausaufgaben hast du?» So etwas empfinden Kinder als Inquisition.
- Wenn Kinder nichts erzählen, dann beginnen Sie ein Gespräch. Auch Eltern können von ihrem Alltag berichten. Und wenn das keine Vorträge sind, in denen man Lehren für das Leben erteilt, hören Kinder gerne zu. Sollten Sie Wichtiges mit Ihrem Partner zu bespre-

chen haben, dann können Sie das auf die Zeit nach dem Essen verschieben.

- Vor allem: Problematisieren Sie das Essverhalten Ihrer Kinder nicht permanent. Achten Sie nicht andauernd darauf, was Ihr Kind isst oder nicht. Dadurch bekommt das Essen eine Wichtigkeit, die es nicht verdient.

Zwar hält Essen Leib und Seele zusammen, doch stopfen manche Kinder Essbares wahllos in sich hinein, schlucken alles hinunter. Manchmal scheint es, als ob sie sich ein dickes Fell anfressen müssten. Immer häufiger trifft man schon im Kleinkind- und Kindergartenalter auf übergewichtige Kinder. Es gibt zunehmend Kinder, die das Normalgewicht bei weitem überschreiten. Zweifelsohne kann so etwas genetisch bedingt sein oder in einer Familie gehäuft vorkommen. Doch es wäre grob vereinfachend, wenn man psychische Rahmenbedingungen außer Acht ließe. Denn Übergewicht resultiert nicht selten aus Lernprozessen, die ein Kind in der Familie macht.

«Aber das hört sich jetzt so an», kritisieren einige Eltern auf einem Seminar, «dass man sich um gar nichts mehr kümmern soll. Als ob Kinder genau wüssten, was sie beim Essen brauchen.» Zweifellos ist es wichtig, die Balance zwischen zwei Extremen zu halten. Ein grenzenloser Erziehungsstil ist ebenso wenig hilfreich wie eine zu stark reglementierende Haltung. Kinder wissen annähernd, welche Mengen an Nahrung sie brauchen. In dieser Hinsicht funktioniert das Prinzip der Selbstregulation. Kinder regeln ihren täglichen Kalorienbedarf mit gutem Gespür und lernen so, ihr Sättigungsgefühl einzuschätzen. Wird das von den Eltern übernommen, verweigern die Kinder die Nahrungsaufnahme, oder es besteht die Gefahr, Heranwachsende zu überfüttern. Je mehr Eltern manipulieren, umso mehr bevormunden sie das Kind, machen es unmündig und abhängig, oder sie erzeugen Widerstand und Revolte.

Eltern sollten viel mehr auf andere Gesichtspunkte achten: auf regelmäßige Mahlzeiten und Tischrituale, darauf, dass Kinder genügend Obst und Gemüse essen. Denn bestimmen Kinder selber die Zusammenstellung ihrer Nahrung, vergessen sie nicht selten Vitamine oder Flüssigkeiten. Bedenken Sie: Entmündigen Sie Kinder nicht dort, wo Kinder für sich sorgen! Unterstützen Sie Kinder in jenen Bereichen, wo diese Erfahrungsdefizite haben! Wenn Sie das Essverhalten Ihrer Kinder beurteilen, verlassen Sie sich nicht auf den Augenschein. Hilfreicher erweist sich ein Essprotokoll, das Sie einige Wochen führen und in dem Sie alles notieren, was Ihr Kind zu sich nimmt.

Eltern sind Vorbilder. Sie vermitteln soziale Wertigkeiten. Essen hat nichts mit Zwang und Moral, mit Belehrung und Bestrafung zu tun. Das Essen darf kein Anlass sein, um elterliche Macht durchzusetzen.

5. «Du blöde Kuh ...» –
Vom Umgang mit Kraftausdrücken

Arschgeige!» Dieses Wort hatte Robin noch nicht gehört. Er war erst seit ein paar Wochen im Kindergarten mit seinen knapp vier Jahren. Gelernt hatte er schon einiges – und nun diese Wortschöpfung. Da hatte doch Patrick, sein Pate, der ihn seit seinem Eintritt in die Tagesstätte durch den Alltag lotste, auf den er sich hundertprozentig verlassen konnte und der ihm alle Tricks beibrachte, da hatte doch Patrick, sein großes Vorbild, zum Boss der anderen Bande, dem Björn, ganz lässig: «Arschgeige!» gesagt. «Selber eine!», hatte Björn völlig unterkühlt geantwortet.

Dieses Wort ging Robin nicht aus dem Sinn.

«Arschgeige!», sprach er in Gedanken nach – das «A» ganz langgezogen, das «ei» ganz weich formulierend. Man sah es seinen Lippenbewegungen an, wie er das Wort formulierte. Welche Sprachmelodie, schien sein verschmitztes Lächeln auszudrücken. «Arschgeige» – dieses Wort, das war neu für ihn. «Arsch», das kannte er schon von Papa beim Autofahren, worauf seine Mutter immer ein empörtes «Hans-Georg!» ausstieß; das Wort «Geige» von seiner Schwester, die den Violinunterricht besuchte und deshalb ständig Ärger hatte, weil sie nicht üben wollte. Aber «Arschgeige»!

Als Robin zu Hause ankam, empfing ihn seine Mutter. Er stellte sich vor sie hin, blickte sie freundlich an.

«Hallo, mein Schatz», sagte die Mutter.

«Hallo, Arschgeige!», entgegnete er, die Mutter genau fixierend. Ihr linkes Augenlid zuckte, aus dem Gesicht entwich alle Freundlichkeit.

«Treffer! Versenkt!», dachte sich Robin und lächelte in sich gekehrt.

«Woher hast du das Wort?» Die Stimme von Robins Mutter hatte einen schrillen Klang.

Robin, beide Hände bis zu den Unterarmen in den Hosentaschen, antwortete ganz cool: «Aus'm Kindergarten!» Kurze Pause. «Sagen die da alle!»

«Wie bitte?», ruft die Mutter empört aus. «Alle?»

Robin nickt bestätigend. «Da ruf ich jetzt sofort an! Das ist ja wohl die Höhe! Wofür zahl ich eigentlich?», um mit scharfer Stimme fortzufahren: «Gebastelt wird nicht mehr, zum Muttertag ist auch nichts … Dann diese Worte! Wo kommen wir denn da hin?»

Und während sie aufspringt und zum Telefon läuft, grinst Robin verschmitzt. Er weiß, in drei Stunden kommt Oma, mal sehen, wie die reagiert, wenn ich so ein Wort sage.

Etwas später. Oma betritt die Szenerie.

«Hallo, Robin», ruft sie fröhlich.

«Hallo, du Arschgeige», antwortet er grinsend, die Großmutter ansehend.

«Robin, jetzt hör auf damit», greift die Mutter ein. «Das Schimpfwort hat er im Kindergarten gelernt!», erklärt entschuldigend die Mutter an Oma gewandt.

«Was für ein Wort?», fragt Robin.

«Du weißt schon», schimpft die Mutter. «Jetzt ist aber Schluss! Sofort Schluss!»

«Warum?», hakt Robin nach.

«Das sagt man nicht! Ich sag's nicht zu dir. Und ich will es nicht, dass du es zu mir sagst!»

«Kannst es ruhig sagen», lacht Robin, «Robin, Arschgeige!»

Er verdreht genussvoll die Augen. Die Großmutter kann ein Lachen kaum unterdrücken. «Komm, zeig mir dein neues Buch», wendet sie sich an den Enkel, nimmt ihn bei der Hand. Beide verschwinden im Kinderzimmer. Robin hockt sich auf den Schoß seiner Oma, die mit ihm ein Bilderbuch durchblättert. Zwischendurch streichelt er sie. Nach einiger Zeit sieht die Großmutter ihren Enkel an: «Du, Robin, ich bin keine Arschgeige!»

Er schaut sie überrascht an, grinst etwas gequält. Er wirkt sprachlos. Robin überlegt kurz. Dann gibt er seiner Großmutter einen dicken Kuss: «Du bist keine Arschgeige, du bist meine alte Geige.»

Robins Oma prustet los: «Aber eine ganz alte ...»

Als sie das Zimmer gemeinsam verlassen, spricht er ganz laut, als er seine Mutter sieht: «Hallo, Oma, du A...!»

«Robin, noch einmal, hörst du?», spricht sie mit energischem Unterton. «Noch einmal, hast du mich verstanden?»

Er streichelt seine Oma: «Du bist meine alte Geige, nicht?»

Die Großmutter nickt. Die Mutter bleibt mit offenem Mund, kopfschüttelnd stehen. Sie versteht die Welt nicht mehr. Und auf dem Wege zum Wohnzimmer hört sie, wie Robin summt: «Arschgeige ..., Geigenarsch ..., Geigenbeige ..., Arschibeige ..., Beigiarschi ...» Der Rest geht in Robins Gelächter unter.

Kraftausdrücke faszinieren Kinder, mit ihnen und über sie testen sie Grenzen, die Gültigkeit von Normen und Werten aus. In Kraftausdrücken, in Schimpfworten spiegeln sich aber auch das Unmoralische und das Anarchische kindlicher Phantasien. Über Wortspiele, über den Klang von Wörtern drücken sich Kinder aus. Die Bedeutung von Kraftausdrücken, von Schimpfworten und Verballhornungen erschließt sich Kindern, wenn sie sie in verschiedenen Zusammenhängen benutzen und die Reaktion ihrer Umgebung erleben.

Jüngere Kinder nehmen Sprachwitze, Sprachspiele,

das Ordinäre und das Gemeine der Sprache, aber auch verbale Aggressionen überall wahr – und da der Kindergarten zum Tagesablauf vieler Kinder gehört, eben auch dort. Hier hören sie die entsprechenden Ausdrücke, erfahren durch Beobachtung deren Wirkung. Sie kennen aber nicht immer deren wirkliche Bedeutung, sind es doch meist ältere Kinder, die eine Art Vorreiterrolle annehmen.

Begreifen geht über Greifen – dieser Grundsatz gilt auch, wenn es darum geht, die Bedeutung von Sprache auszutesten, ihren Gehalt möglichst konkret zu erfahren. Jüngere Kinder übernehmen – nicht: imitieren! – die aufgeschnappten Worte, stellen sie in einen ihnen vertrauten, deshalb meist familiären oder geschwisterlichen Zusammenhang und beobachten die Wirkung ihrer Worte. Je heftiger die Reaktionen der Erwachsenen, umso mehr ahnen Kinder, einen «Volltreffer» gelandet zu haben. Und jedes Kind wird versuchen, diesen «Volltreffer» zu wiederholen. Wenn die Eltern ausgetestet sind und resigniert in den Seilen hängen, erscheint Oma an der Haustür, die mit einem zärtlichen «Tag, du liebes Arschloch» begrüßt wird. Und sollte die großmütterliche Kinnlade ebenfalls herunterklappen, macht das Kind weiter – so lange jedenfalls, bis Grenzen gesetzt werden, die für das Kind begreiflich sind.

Zurück zur eingangs geschilderten Situation. Robins Mutter hat einige Aspekte übersehen, die es ihr erleichtert hätten, mit den Schimpfworten ihres Sohnes umzugehen:

- Hört man als Erwachsener einen bestimmten Kraftausdruck das erste oder zweite Mal, *überhört* man ihn am besten. Ganz im Sinne des Modell-Lernens kann dies aufseiten des Kindes zur Überlegung führen: Was woanders gewirkt hat, kommt bei meinen Eltern oder zu Hause offensichtlich nicht an. Sie sollten auch nicht fragen: «Woher hast du das?»; damit bringen Sie Kinder schnell in eine Verteidigungsposition und dazu, anderen die Schuld zu geben.

- Hat das Überhören keinen Erfolg, sollten Sie *handeln*. Wer auch dann ignoriert, wenn das Kind seine Ausdrücke weiterverwendet, sie womöglich intensiviert, erreicht genau das Gegenteil. Das Kind muss geradezu mit seinen Regelverletzungen fortfahren, bis der scheinbar gleichgültige Erwachsene endlich reagiert und Grenzen setzt.

- Von erheblicher Bedeutung ist die Art und Weise, wie man solche Grenzen artikuliert. Indem Robins Mutter auf der «Man-Ebene» argumentiert, überfordert sie ihren Sohn. Die «Man-Ebene» kann er noch nicht verstehen. Genauso wie er in seinem Alter noch nicht in der Lage ist, sich in andere einzufühlen. Deshalb verpufft der Satz «Ich sag das doch auch nicht zu dir!», und wendet sich ins Gegenteil. Angemessener und für Robin begreiflicher, weil nachvollziehbar wäre ein Satz gewesen wie: «Ich möchte / will das nicht hören!» Oder: «Ich bin keine Arschgeige!» Auf Robins mögliche «Warum»-Frage brauchen keine langatmigen Erklärungen zu folgen. Das Kind wünscht eindeutige und kurze Antworten, in denen sich die Haltung des Erwachsenen *authentisch artikuliert*. Robins Mutter fühlt sich verletzt, also muss sie diesen Gefühlen auch Ausdruck verleihen und darf sie nicht durch «verkopfte» Antworten rationalisieren. Eine Antwort wie «Robin, ich fühle mich verletzt!» oder «Arschgeige verletzt mich! Ich mag das Wort nicht!» ist dann ausreichend, wenn das Kind das Wahrhaftige der Antwort *spürt*.

«Und wenn Robin immer noch auf einem ‹Warum› besteht?», fragt Robins Mutter.

«Dann geben Sie zwei- oder dreimal Ihre Antwort. Und dies fest und ganz freundlich. Mehr aber nicht», antwortete ich.

Umständliche Erklärungen überfordern Kinder. Sie orientieren sich in der Regel mehr an der Unsicherheit und den Bedürfnissen der Erwachsenen – «Ich kann dieses schreckliche Wort nicht aussprechen»; «Ich will eine gute Mutter sein! Und gute Mütter erklären!» – als an den Vorstellungen und Erfahrungen der Kinder.

- Wichtig ist schließlich: Robin wird bezüglich seiner Wortwahl, nicht jedoch als Person – etwa «Du bist böse, weil du das sagst!»; «Du bist frech, wenn du das sagst!» – kritisiert. Robin muss das Gefühl erfahren, alle Persönlichkeitsanteile, eben auch die grenzüberschreitenden, austesten zu dürfen. Dann kann er es aushalten, wenn er Grenzen spürt und Konsequenzen erfährt.

Ganz anders geht die Großmutter mit der Situation um. Sie praktiziert sehr anschaulich das Auszeitverfahren: Zunächst überhört sie Robins «Ansprache», steigt nicht auf sein Spiel ein. Sie lässt ihn damit ins Leere laufen.

Aber als sich die Situation beruhigt hat, kommt sie nochmals auf den Kraftausdruck zurück, stellt kurz und knapp dar, was Robin mit dem Wort bei ihr bewirkt hat. Und sie formuliert auch, was sie sich wünscht. Die Großmutter lässt sich somit Zeit und gibt Robin damit Gelegenheit, seine Wortwahl zu überdenken und – darauf kommt es an – zu verändern. Sie legt hier eine Souveränität an den Tag, die Erwachsenen häufig im Umgang mit Kraftausdrücken abgeht.

Caroline, fünf Jahre, ist sauer auf ihre Mutter. Sie hat ihr Süßigkeiten verwehrt, als Caroline vor dem Fernsehapparat saß. Als die Mutter dem wiederholten Drängeln nicht nachgab, zischte Caroline: «Blöde Kuh!»

«Das nimmst du zurück!»

Caroline wendet sich demonstrativ ab.

«Du entschuldigst dich!» Die Mutter klingt unmissverständlich: «Und zwar sofort!»

Caroline stöhnt: «'tschuldigung, du blöde Kuh!»

«Jetzt reicht es!» Die Mutter schaltet – außer sich vor Wut – den Fernsehapparat aus.

Caroline erhebt sich: «Ich wollte sowieso gehen. Ist 'ne langweilige Sendung!» Sie verlässt betont unberührt den Raum – auf den Lippen ein unhörbares «Blöde Kuh!».

«Was hast du da gesagt?», schreit die Mutter.

«Blöde Sendung!»

So wichtig es ist, auf Wiedergutmachung und Entschuldigung zu bestehen, bedeutsam ist es auch, Handlungsänderungen herbeizuführen, und diese erreicht man, wenn man den Konflikt dann löst, wenn sich alle beruhigt haben. Ist die Luft noch heiß, sind keine wirklichen Lösungen zu erwarten – vielmehr geht es um gegenseitige Verwünschungen und Verletzungen, um entwürdigende Machtkämpfe, an deren Ende nur Rachegefühle stehen. Hier bietet sich das Auszeitverfahren an, das unbestreitbare Vorteile hat: In der ersten Phase wird die Grenzüberschreitung ignoriert, in einer zweiten Phase deutlich angesprochen – aber so, dass eine Regelüberschreitung zukünftig begrenzt, verhindert oder gar unmöglich gemacht wird.

Eine weitere Möglichkeit, mit Schimpfworten umzugehen, sie für Kinder erfahrbar zu machen und sie zugleich zu begrenzen, ist die Einführung von klar definierten und ritualisierten Ausnahmen.

In einer Kindertagesstätte entwickelte sich ein beliebtes Spiel, das die Kinder erfreute, die Erzieherinnen jedoch auf «die Palme brachte». Die ältesten Kinder, fast alle knapp sechs Jahre alt und kurz vor der Einschulung stehend, warfen «mit den hässlichsten Worten nur so um sich», wie Gerda Albert, die Leiterin, beobachtete. Nicht das Kindergartenteam sei Zielscheibe der sprachlichen Aggressionen, sondern die Kinder, «vor allem die kleineren. Aber auch die», so Frau Albert, hätten es schnell gelernt, sich zu behaupten: «Die schreien jetzt zurück. Zwar nicht ganz so schlimm … Aber immerhin.»

Es ginge «wahnsinnig zu», meint sie. «Vor allem, ich bin jetzt hilflos. Grenzen helfen nicht. Je mehr wir eingreifen, umso heftiger geht's hinter unserem Rücken weiter. Ich weiß, Verbote machen neugierig. Das Tollste ist», sie schüttelt den Kopf, «wenn wir Erzieherinnen dabeistehen, sagt der eine: ‹Du Arschloch›, nicht laut, nicht mal leise, der bewegt nur die Lippen, beim ‹Arsch› geht der Mund weit auf, beim ‹loch› bleibt er fast geschlossen. Und dann erwidert der andere: ‹Pissnelke!›, auch unhörbar. Der hat nur die Lippen bewegt. ‹Sei ruhig›, habe ich verzweifelt gemeint. Und da sagen die Kinder doch glatt: ‹Wir sagen doch gar nichts!› Stimmte ja auch, die haben ja auch nichts gesagt. Die haben mit unserer ... nein, mit meiner Verzweiflung gespielt.»

Da sich die Kinder von ihren Erzieherinnen mit der «Fäkalsprache» nicht angenommen fühlten und deren Reaktionen als unangemessen empfanden, traten sie in einen Machtkampf ein. Ich machte Gerda Albert den Vorschlag, die komplizierte Situation durch ein Ritual zu entschärfen. «Machen Sie ein Spiel mit Schweineworten», riet ich ihr. «Legen Sie eine Zeit fest, einen Raum. Dann können Kinder alles ausdrücken, was sie wollen. In der übrigen Zeit sind die Kraftausdrücke allerdings untersagt.»

«Aber macht das nicht erst richtig aggressiv? Werden nicht auch die Kinder animiert, die jetzt still sind?», fragte sie ängstlich.

«Dann vereinbaren Sie eine freiwillige Teilnahme an diesem Spiel!»

«Und wenn einige Kinder außerhalb dieser Zeit immer noch solche Worte sagen?», will sie es genau wissen.

«Dieses Kind möchte Sie möglicherweise provozieren, steht mit Ihnen in einem Machtkampf. Dann geht es nicht wirklich um die Kraftausdrücke. Diesem Kind geht es um die Beziehung, die es über seine Schimpfworte bekommt. Hier sind andere Fragen notwendig: Welchen Sinn hat die Störung? Oder: Habe ich das Kind eine Zeit lang übersehen? Oder: Wie kann das Kind durch positive Aktionen meine Aufmerksamkeit gewinnen?»

Gerda Albert redet mit den Kindern, bringt die Idee einer «Schweinewortzeit» ein, macht aber gleichzeitig deutlich: Die übrige Zeit sei dann «schweinewortfrei». Dies gelte insbesondere beim Essen und für den Stuhlkreis. Während sie dies sagt, schaut sie alle Kinder der

Reihe nach und mit festem Blick an. Alle Kinder sind –
sehr zur Verwunderung des Teams – einverstanden.

Man verabredet eine Zeit: am Vormittag gegen zehn
Uhr, ein Zeitlimit: fünfzehn Minuten, und eine – wie die
Kinder sie nennen – «Schweineecke». Die Leiterin stellt
zu Beginn des Rituals ein rosarotes Plastikschwein auf,
gibt das Startzeichen. Das Spiel geht los. «Die kannten
gar nicht so viele Wörter, wie ich befürchtete. Gut,
‹Arschloch› kam, ‹Pisser›, ‹blöde Kuh› …, aber nach
kurzer Zeit war's ein Spiel mit Worten: ‹Kacker …, Kack-
arsch …, Kackwurst …, Wurstkacke …, Wurstknacke …,
Knackheini …, Heidelbeere …, Schneidelbeere …›, so
ging es weiter, bis die Zeit um war. Die Kinder hatten gro-
ßen Spaß. Sie lachten, schrien sich an, freuten sich. Nach
einer Viertelstunde, meistens schon vorher, ging ihnen die
Luft aus. Die waren richtig erschöpft.»

Von ganz wenigen Ausnahmen abgesehen, hörten die
Auseinandersetzungen um die Schimpfworte auf. «Da
reichte es, wenn mal einem Kind wieder der Gaul durch-
ging, zu sagen, nachher geht's in der Ecke weiter. Es war
einverstanden.» Mit diesem Ritual konnten die Kinder
ihren Dampf ablassen.

Grenzüberschreitungen mittels Sprache sind Versuche
der Orientierung, der Reibung an bestehenden Normen
und Werten. Grenzüberschreitungen sind aus der Sicht
von Kindern häufig spielerisch-lustvolle Schritte, aus der
Perspektive der Erwachsenen bedeuten sie Stress. Die
Einführung von ritualisierten Ausnahmen im Spiel verspricht aber Lösungen:

● Sie signalisieren dem Kind Verständnis für grenzüberschreitende Aktionen: «Du bist o. k., auch wenn du
das sagst», bedeutet das Annehmen jener Anteile einer

Persönlichkeit, mit der Erwachsene ihre Schwierigkeiten haben. Aber diese Schwierigkeiten beziehen sich auf den kritisierten Sachverhalt, eben die Kraftausdrücke, nicht auf die Person. So kann eine Erziehungsbeziehung hergestellt werden, die Belastungen aushält.

• Verständnis für eine Sache darf keineswegs mit deren Akzeptanz verwechselt werden. Dies können Kinder erfahren und aushalten.

Die Einführung der spielerischen Ausnahme zeigt den Kindern Grenzen auf, weist auf Normen hin, die den Erwachsenen wichtig sind. Solche Grenzen vermitteln Werte, auf deren Einhaltung Erwachsene mit Festigkeit bestehen können. Man kann die Kraftausdrücke der Kinder auf der Basis ihrer Entwicklung verstehen, akzeptiert sie aber trotzdem nicht. Wer Akzeptanz mit Verständnis verwechselt, der übersieht, dass eine Freiheit ohne lebendige Rituale zur Unfreiheit oder ins Chaos führt.

Ausnahmen zeigen, dass Achtung und Respekt nur auf der Grundlage gegenseitigen Bemühens möglich sind. Sie nehmen auf die Bedürfnisse und Wünsche aller am erzieherischen Prozess Beteiligten Rücksicht.

Wer Ausnahmen zulässt, kann mit Grenzüberschreitungen spielerisch umgehen. Sie bauen auf der Überlegung auf, dass man Veränderungen im Handeln als Weg versteht, bei dem jeder Schritt ein Ziel, eine neue Grenze darstellt. Ausnahmen sind kein Patentrezept, sie bedeuten nicht, dass das gelöste Problem nicht doch irgendwann – wenn auch unter anderen Vorzeichen – wieder auftaucht. Aber dann hat man mit dem «Ausnahme-Spiel» einen Dietrich zur Hand, der auch für die neue Situation benutzt werden kann.

Während man bis zum sechsten, siebten Lebensjahr vielfältige Möglichkeiten hat, auf die Kraftausdrücke der Kinder zu reagieren, stellt sich die Situation von diesem Alter an doch grundsätzlich anders dar. Zwar empfiehlt sich auch hier die Methode der Auszeit, doch hat sie hier jetzt ihre Grenzen. Stellen Schimpfworte im Kindergartenalter häufig spielerisch-provokative Grenzüberschreitungen dar, berühren und verletzen Kraftausdrücke danach die Erziehungsbeziehung von Eltern und Kindern nachhaltig.

Werden Beleidigungen ignoriert, führt das zu Hilflosigkeit und Hass bei allen Beteiligten.

Eine Mutter erzählt auf einer Elternveranstaltung: «Meine Tochter ist schlimm.» Nina ist zehn Jahre, besucht die letzte Klasse einer Grundschule. «Sie ist», wie der Vater ergänzt, «ein Wunschkind. Wir tun alles für unsere Tochter, sind immer für sie da.»

«Was ist schlimm an Ihrer Tochter?», will ich wissen.

Die Mutter klagt: «Es wird immer schlimmer, von Tag zu Tag. Sie macht mit uns, was sie will.»

Der Mann ergänzt: «Gestern hat sie mich geschlagen ... Aus heiterem Himmel. Ins Gesicht. Hier, sehen Sie.» Er weist auf einen blauen Fleck am Hals hin. Die Mutter erklärt: «Nur weil er nicht mit ihr spielen wollte ... zack, zack ...!» Er macht den Schlag der Tochter nach, «... und schon sitzt es im Gesicht». – «Und was machen Sie?» – «Wir beruhigen sie dann, reden mit ihr ... und so ...», meint der Vater.

Ich stelle fest: «Nina behandelt Sie wie ein Stück Dreck!» Der Vater ganz spontan: «Wie den letzten Dreck.»

Und dann erzählt die Mutter, angefangen habe es vor

einigen Jahren mit Worten wie: «Komm her, du Arschloch» oder «Gibt's endlich Essen, du blöde Kuh?»

«Wie haben Sie reagiert?»

«Ich war freundlich, hab's überhört. Ich dachte, das sei eine Phase, die vorübergeht.» Die Mutter wirkt nun sehr nachdenklich: «Dann meinte ich, meine Tochter müsse diese Phase irgendwie ausleben. Ich konnte das früher nicht. Na ja, dachte ich, so sind die Kinder eben heute.»

Manche Erwachsene sind besorgt und unsicher über die – ihrer Meinung nach – zunehmende sprachliche, aber auch persönliche Gewalt gegenüber anderen. Da ist viel von fehlendem Respekt und mangelnder Achtung die Rede. Die geschilderte Situation weist auf weitere Gesichtspunkte im Umgang mit verbalen Grenzüberschreitungen hin:

- Kinder prüfen durch Versuch und Irrtum, wie weit sie gehen können, wann die Grenze der Belastbarkeit in zwischenmenschlichen Beziehungen erreicht ist.

- Wenn über verbale Aggressionen die Erziehungsbeziehung berührt wird, muss man sofort handeln. Wer persönliche Beleidigungen hinnimmt, verstärkt diese. Ignorieren, Überhören mögen beim spielerischen Umgang mit Grenzüberschreitungen – wie bei Robin – *ein* Mittel im pädagogischen Prozess darstellen. Bei entwürdigenden Beleidigungen werden sie als Gleichgültigkeit gedeutet, als Aufforderung weiterzumachen.

- Aus Untersuchungen ist bekannt, dass die Bereitschaft, andere Menschen zu verletzen, zu zerstören und zu töten, dann gegeben ist, wenn das Opfer *vor* der Tat entwürdigt wird.

Wenn Erziehende ihrer Entwürdigung nicht Einhalt gebieten, tragen sie zu einer Verstärkung der Aggressionen gegen Sachen und Personen bei. Sie erleichtern es Kindern, Wut – egal ob in Wort oder Tat – ungehemmt auszuleben, und leisten damit ungewollt einen Beitrag zur Missachtung der eigenen Person.

6. «Aber Papa hat's erlaubt …» –
Von unterschiedlichen Erziehungsstilen

Mein Mann und ich sind uns in Erziehungsfragen nicht einig. Er reagiert nachgiebiger oder gelassener als ich! Schadet das den Kindern?» So lautet eine häufig gestellte Frage von Eltern. Kinder erleben in ihrem engeren wie weiteren Umfeld ganz spezifische Erziehungsstile. Eltern besitzen unterschiedliche Vorstellungen, die Großeltern praktizieren wiederum andere als die Eltern. Und in Kindergarten, Schule und Sportverein erfahren Kinder, dass manches von dem, was zu Hause möglich ist, dort nicht läuft. Solche Frustrationen sind den Kindern zuzumuten, können von ihnen durchaus produktiv bewältigt werden.

Die Begegnung von Kindern mit ganz unterschiedlichen Erziehungsvorstellungen gehört zu ihrem Alltag. Und genauso alltäglich ist die Erfahrung, dass sich Erziehungsbeziehungen verschieden gestalten: Der Kontakt zu Eltern ist ein anderer als der zur Erzieherin oder Lehrerin, der zu den Großeltern ein anderer als zu den Bekannten. Das Kind erfährt unterschiedliche Erziehungsstile, indem es sie als gelebte Modelle spürt. Es lernt zu vergleichen; es erfährt, welches Modell angemessener ist. Die Begegnung mit unterschiedlichen Erziehungsstilen macht Kinder realitätstüchtig, gibt ihnen Selbstbewusstsein und Selbstvertrauen, sich in verschiedenen Situationen des Alltags zurechtzufinden und zu behaupten. Allerdings müssen bei aller Unterschiedlichkeit einige Grundsätze beachtet werden:

1. Kinder müssen wissen, an wen bzw. woran sie sich in Situationen zu halten haben. Besteht hier keine Einigkeit, spielen Kinder die Beteiligten gegeneinander aus.

2. Unterschiedliche Einstellungen dürfen von Erwachsenen nicht dazu missbraucht werden, sich beim Kind einzuschmeicheln – « Bei mir darfst du mehr …» – oder die andere Bezugsperson gefühlsmäßig herabzusetzen – « Ich bin netter zu dir als …» Dies bringt Kinder in Loyalitätskonflikte.

3. Unterschiedliche Erziehungsstile können nur auf der Basis von verbindlichen Grundprinzipien, die für alle Beteiligten gelten, praktiziert werden: Wenn ein Vater einen Laisser-faire-Stil praktiziert, die Kinder dagegen ihre Mutter als fest und konsequent erleben, dann kann das dazu führen, dass Kinder ihre Eltern gegeneinander ausspielen.

Einige Grundsätze will ich nun an beispielhaften Situationen konkretisieren.

Szene am Mittagstisch der Familie Schnur. Anwesend sind Peter Schnur, seine Frau Mirte und die beiden Kinder, Patrizia und Ole, fünf und acht Jahre alt. Der Vater kommt jeden Mittag nach Hause, will im Kreise der Familie essen. Er bringt jedoch eine gewisse Hektik mit von der Arbeit. Alles muss schnell gehen. Da er am Schalter einer

Kasse arbeitet, mit viel Lärm konfrontiert ist, wünscht er absolute Ruhe. Zudem ist Peter Schnur ein Ästhet beim Essen. Er möchte, dass die Kinder aufrecht sitzen, nicht mit dem Essen spielen und eine gewisse Zeit am Tisch bleiben, fragen, wann sie aufstehen dürfen.

Mirte Schnur legt zwar auch Wert auf eine «gewisse Etikette», aber «ich habe da andere Maßstäbe. Die dürfen sich auch mal mit dem Arm aufstützen, mal mit Kartoffeln und Soße matschen, so eng sehe ich das nicht.»

Deshalb gibt es eine Absprache: Wochentags ist Mirte Schnur für die Tischrituale zuständig, am Wochenende der Vater. Und trotzdem gibt es immer wieder Stress.

Die Familie sitzt am Tisch. Es ist Donnerstag. Die Suppe wird in die Teller gefüllt. Die Mutter bringt den Topf zurück auf den Herd. Ole dauert es zu lange. Er fängt an, mit dem Löffel in der Suppe zu spielen.

Peter Schnur schaut ernst, sagt aber nichts.

«So, nun guten Appetit», eröffnet die Mutter das Essen. Ole hat ganz offensichtlich Hunger, er schlürft die Suppe äußerst geräuschvoll. «Ole, etwas leiser, bitte», ermahnt die Mutter in ruhigem Ton. Doch ihm schmeckt es. Und das hört man. Peter Schnur schaut seine Frau missmutig an. Sie zuckt mit den Schultern, so als wolle sie «Ist ja schon gut!» ausdrücken. Doch Ole macht unverdrossen weiter, so als tangiere ihn das überhaupt nicht.

Der Vater atmet laut und vernehmlich aus.

«Ole, ein bisschen leiser!», ermahnt die Mutter noch einmal. Ole mäßigt sich etwas.

«Wird aber auch Zeit», erklärt Peter Schnur genervt. «Dein Essverhalten gleicht dem einer Sau!»

«Schwein, Papa! Oder besser: Eber!», kontert Ole.

Patrizia hat den Mund voll Suppe und prustet los, als sie Oles kecke Antwort hört: «Eber!»

Peter Schnur wird von einer Suppenfontäne benetzt. Vorwurfsvoll schaut er seine Frau an: «Das ist das Ergebnis deiner Erziehung! Hier!» Beleidigt und trotzig zugleich sieht er sein beflecktes Hemd an.

Ole und Patrizia lachen, verstummen aber sofort, als sie die bierernste Miene des Vaters sehen.

«Das ist nicht zum Lachen, verdammt!» Und zu seiner Frau gewandt: «Ich weiß wirklich nicht, warum ich mir diesen Stress hier antue!» Um nach einer Pause hinzuzufügen: «In der Kantine hab ich's ruhiger.»

Mirte Schnur zuckt mit den Schultern, um dann mit abgeklärter Stimme hinzuzufügen: «Das ist deine Wahl. Du kannst hier essen! Oder dort. Aber du musst dich entscheiden!»

«Bitte hier essen, Papa!», fleht Patrizia. «Das ist viel schöner!»

«Dann müsst ihr euch aber auch ruhig verhalten!», erklärt der Vater, Patrizia ernst anblickend.

Ole hat in der Zwischenzeit seine Suppe gegessen. Sie hat ihm ganz offensichtlich gemundet. Er nimmt seinen Teller hoch und leckt die Speisereste genussvoll aus.

«Das gibt's doch wohl gar nicht», schnauft der Vater. «Mirte, siehst du das!» Er schüttelt den Kopf. «Unglaublich! Wie ein Schwein!»

Sehr ruhig stellt Ole seinen Teller zurück, seine Zunge leckt die Lippen ab: «Lecker, Mama!» Und an den Vater gerichtet: «Eber, Papa!»

«Meinetwegen Eber!», zischt Peter Schnur.

«Papa?» Oles Stimme hat einen fragenden Klang.

«Was ist?», will der Vater gereizt wissen.

«Du, Papa, heute ist Donnerstag. Und erst übermorgen hast du am Tisch was zu sagen.» Ole macht eine Pause. «Dann ess ich wie du!» Er setzt sich in aufrechte Positur, nimmt Messer und Gabel und mimt den vornehmen Esser.

Am Abend desselben Tages: Mirte Schnur spricht ihren Mann nochmals auf die mittägliche Stresssituation an.

«Du musst dich an Absprachen halten, Schatz», erklärt sie ihm. «Sonst bringst du die Kinder durcheinander. Sie wissen nicht, woran sie sind.»

Er sieht einigermaßen zerknirscht aus.

«Weiß ich, aber ich kann da nicht aus meiner Haut.» Er denkt nach: «Außerdem will ich meine Ruhe!»

«Dann iss doch in der Kantine. Und am Wochenende halten sich die Kinder an deine Rituale!»

Man einigt sich schließlich darauf, dass der Vater dreimal in der Woche in der Kantine isst, zweimal nach Hause kommt.

«Schade», findet Ole, «aber dann kann ich dreimal wie ein Schwein», er grunzt, «wie ein Eber essen!»

Die Familie Schnur hat prinzipiell vieles richtig gemacht. Herr und Frau Schnur waren sich ihrer unterschiedlichen Einstellungen zum Essen bewusst. Daraus resultierte eine Absprache, um die Kinder nicht zu verwirren – Absprachen, an die der Vater sich freilich nicht hielt. Daraus ergab sich Stress; Ole fühlte sich geradezu provoziert, seinen Vater vorzuführen.

Die Mutter hat ihren Kindern durch ihre Worte, vor allem durch ihr Handeln ein Modell vorgelebt: Diejenigen, die die Verantwortung tragen, sind die Bezugspunkte.

Unterschiedliche Einstellungen und Erziehungsstile zu praktizieren schließt ein, Unterschiede zu tolerieren. Vera Krüger hatte sich mit ihrem Mann darauf geeinigt, er sei für die Ordnung im Kinderzimmer verantwortlich. «Ich rassle ständig mit den beiden zusammen. Mein Mann ist da gelassener. Das gebe ich zu.»

Die Arbeitsteilung funktioniert, die gereizte Atmosphäre, die sich am chaotischen Kinderzimmer entzündet, entspannt sich zunehmend – dafür braut sich ein anderes Gewitter zusammen. Vera Krüger hat einen anderen Ordnungsstandard als ihr Mann: «Ich bin großzügiger», sagt er, «aber es sieht auch aufgeräumt aus.»

Als die Krügers diese Situation auf einem Seminar vorstellen, versuchen wir einen Weg zu finden, dass Frau Krüger die Verantwortung an ihren Mann abtreten kann. Sie sagt: «Wenn ich's nicht seh, dann ist's mir auch egal», und daraus entwickelt sie ihre Lösung.

«Dann gehen Sie nicht hinein!», sage ich.

«Oder ich schau nicht so genau hin!», ergänzt sie.

Vera Krüger schaffte es. Das Thema «Aufräumen» wurde unwichtiger, gemeinsam hatte man einen Weg gefunden, wie jeder mit seinem Stil leben konnte.

Und dies gilt gleichermaßen für die unterschiedliche Erziehung durch die Erziehungsstile der Großeltern. Viele Eltern flippen aus, wenn die Kinder von Oma und Opa kommen und mit dem Brustton der Überzeugung sagen: «Da kann ich viel mehr, da will ich hin!» Vater und Mutter fluchen dann – anstatt den Kindern zu sagen: «Du kannst dahin ziehen!» Man glaubt es kaum, wie faszinierend es sein kann, mal einen kinderfreien Abend zu genießen, mal wieder allein zu sein, dem Partner oder der Partnerin in die Augen zu schauen, um zu bemerken, wie alt er (oder sie) geworden ist, weil man in den letzten Jahren nur auf die Kinder gestarrt hat.

Doch allzu häufig herrscht der Ärger über den großzügigen großelterlichen Erziehungsstil vor. Deshalb versuchen Eltern ihre Eltern noch zu erziehen – etwa, wenn das Kind bei Oma und Opa abgegeben wird: «Mutti, ich hab dir noch Saft mitgebracht, damit Simon bei dir nicht immer Cola trinken muss», um mit aller Ernsthaftigkeit in der Stimme hinzuzufügen: «Und dass Opa nicht immer so lange fernsieht. Neulich musste ich mit Simon den Nachtkrimi aufarbeiten.»

Gott sei Dank sind Großeltern heute Anarchisten genug, mit ihren Enkelkindern Geheimverträge abzuschließen, sonst würden sich Eltern noch omnipotenter fühlen.

Man kann Kindern durchaus die Verschiedenartigkeit von Erziehungsstilen zumuten.

Sophia, fünfeinhalb Jahre, macht dies auf eine wunderbare Art und Weise klar. Bei ihrer Oma darf sie die «Sendung mit der Maus» sehen, «dann ist Schluss», wie die Oma unmissverständlich feststellt, keinen Widerspruch duldend. Zu Hause bei den Eltern erlaubt der Vater noch als «Schmankerl» eine Zugabe aus Janoschs «Oh wie schön ist Panama!».

Sophia hält sich strikt an diese unterschiedlichen Anweisungen. Als die Oma einmal bei Sophia als Babysitter tätig ist – Sophias Eltern sind auf einer Party zu Gast –, schaut sich Sophia zunächst die «Sendung mit der Maus» an. Als diese zu Ende ist, bittet sie Oma: «Leg noch die andere Kassette ein!»

«Welche?», fragt die Oma spitz.

«Oh wie schön ist Panama!», gibt Sophia selbstverständlich zurück.

«Das gibt es jetzt nicht mehr!», erklärt die Großmutter vehement. Sophia lächelt ihre Oma freundlich an, um dann hinzuzufügen: «Oma, du bist hier bei uns. Hier hast du nichts zu sagen!»

Unterschiedliche Auffassungen sind normal – von Vater und Mutter, von Eltern und Großeltern, von Kindergarten und Schule. Unterschiedliche Auffassungen haben nichts damit zu tun, dass die einen besser, die anderen schlechter erziehen. Die Verschiedenheit hat vielmehr mit Nähe und Distanz zu den Kindern zu tun. Je näher man an einem Kind dran ist, je mehr man in Alltagsgeschäfte involviert ist, je mehr man mit den Kindern Normalität, ja die Mühen der Ebene er- und durchlebt, umso häufiger erfährt man Erziehung als Stress, umso mehr kennen die Kinder die Schwachpunkte von Vater und Mutter. Und umso gereizter, ungehaltener erleben Kinder, Vater und Mutter die Erziehung.

Distanz führt manchmal zu mehr Gelassenheit und Großzügigkeit. Eine distanzierte Beziehung sieht manches lockerer, während ein zu naher Kontakt den Wald vor lauter Bäumen nicht sieht. Und hier liegt die Chance väterlicher Beziehung zu den Kindern, sind sie es doch, die aufgrund des (noch immer meist den Männern/Vätern vorbehaltenen) Vollzeitjobs die eher distanzierte Beziehung zu Kindern aufweisen. Distanz meint nicht die Abwesenheit von Emotionalität und Tiefe. Aber eine distanzierte Beziehung muss gepflegt werden – sie kann in Ritualen aufgehoben sein.

Der Hinweis mancher Väter, sie seien zeitlich eingebunden und könnten deshalb keine Beziehung zu ihren

Kindern aufbauen, zieht meines Erachtens nicht. Viele Kinder sehen gerade darin eine Chance: Während die Mutter häufig alles und jedes sieht, sich in Details verhakt, kann der Vater mütterliche Macht relativieren, aber nicht: in Frage stellen. Er kann das Augenmerk auf andere Segmente der Erziehung legen. Dazu sind aber zwei väterliche Grundhaltungen vonnöten:

- Er muss Zeiten und Räume schaffen, in denen er sich verantwortlich fühlt, Zeiten und Räume, in denen die Mutter sich aus der Kindererziehung «guten Gewissens» ausklinken kann. Die Nähe zu Kindern hält man manchmal nur durch eine bewusst gestaltete Distanz aus: den kinder- und männerfreien Abend oder den Kurzurlaub. Wenn man einmal ein paar Stunden, ein paar Tage von den Kindern entfernt ist, dann – so eine Mutter – «werden aus meinen Monstern süße Engel, nach denen ich mich sehne».

- Er darf seine Erziehungsprinzipien nicht gegen die seiner Frau ausspielen. Denn Kinder sind schlitzohrig genug, die väterliche Distanz und das daraus resultierende schlechte Gewissen für sich zu nutzen. Da hat die Mutter eine zusätzliche Fernsehsendung verboten. Nun hört das Kind den Vater kommen. Es springt zum Auto, umschmeichelt ihn: «Papa, ich hab dich lieb!» Und während der Vater das Kind streichelt, fragt es mit dem liebenswürdigsten Augenaufschlag, den es gerade hinbekommt: «Sehen wir nachher fern, du und ich? Da kommt 'ne tolle Sendung!» Wenn er dann ohne zu zögern erwidert: «Ja, mein Schatz!», gibt es zu Recht Ärger. «Was hat Mama gesagt?» oder «Da muss ich deine Mutter fragen!» wären Antworten, die dem Kind zeigen, dass sich beide Elternteile nicht gegeneinander ausspielen lassen.

Unterschiedliche Stile in der Erziehung meint: Man ist sich einig, dass Grenzen, Regeln und Rituale notwendig sind, aber dass man sie unterschiedlich auslegen kann, die Kinder freilich wissen, woran sie bei Vater und Mutter, Großvater und Großmutter sind. Um es am eingangs angeführten Beispiel zu verdeutlichen: Herr und Frau Schnur waren sich über einige Grundregeln beim Essen einig. Sie hatten allerdings verschiedene Auffassungen darüber, wie diese umzusetzen seien.

Davon zu unterscheiden sind uneinige Erziehungsstile. Übertragen auf das Beispiel der Familie Schnur hieße das: Herr Schnur würde einen sehr rigiden, unnachgiebigen Stil favorisieren, Frau Schnur eher den Laisser-faire-Stil praktizieren. Uneinige Erziehungsstile sind nicht kompatibel, haben keinen gemeinsamen Nenner. Im uneinigen Erziehungsstil geht es niemals um das Wohl des Kindes. Der uneinige Erziehungsstil zerrt vielmehr am Kind. Vater und Mutter, aber auch Eltern und Großeltern treten in ein Konkurrenzverhältnis. Jeder will dem anderen beweisen, wer der oder die Beste ist. Die Bedürfnisse des Kindes, sein Wohlergehen sind nur vorgeschoben. Hinter uneinigen Erziehungsstilen stehen zwei Motivationen:

- Ein egozentrisches Denken, das meint, das Wohl des Kindes zu kennen und umzusetzen. «Meine Mama will mein Bestes», erzählt die zehnjährige Barbara, um dann lachend hinzuzufügen: «Was bleibt dann für mich?»
- Ungeklärte Partnerschafts- und Beziehungskonflikte.

Vater und Mutter, Eltern und Großeltern buhlen um die Gunst des Kindes, übertreffen sich in materiellen Höchstleistungen, ohne zu bemerken, dass das Kind damit in Loyalitätskonflikte getrieben wird.

7. «Alle anderen dürfen ...» –
Von Konsequenzenkillern

Kinder haben ihre – bewussten und unbewussten – Strategien, Grenzen auszutesten oder zu erweitern. Je älter Kinder werden – spätestens vom Zeitpunkt des Kindergartenbesuchs an –, desto differenzierter und nachdrücklicher versuchen sie, ihre Position zu behaupten und Standpunkte zu erweitern.

Dabei wenden sie die unterschiedlichsten Strategien an, wie ein Gespräch zwischen Kindern von sechs bis acht Jahren beweist:

«Ich sag», so lacht Johannes, «ich zieh aus. Und dabei schau ich dann ganz böse. Als ich fünf war, habe ich wirklich mal meine Koffer gepackt und bin aus dem Haus gegangen. Es war schon dunkel. ‹Lass ihn gehen›, hat Papa gemault. ‹Bist du denn verrückt geworden?›, hat meine Mama geschrien. Die ist dann hinter mir hergelaufen. Dabei bin ich extra langsam gegangen. Das war doch stockduster draußen. Und da hatte ich doch Angst – war das gruselig. Als Mama dann hinter mir her war, bin ich schneller gegangen. Aber ich wusste ja, die war hinter mir.»

«Früher», so erinnert sich Marie-Claire, «konnte ich auf Kommando kotzen. Also, ich musste nur die Luft anhalten, und dann kam alles hoch. Das hab ich dann auf den Teppich gespuckt. Das hat gerochen, gestunken, hat meine Mutter gesagt. Meistens habe ich dann bekommen, was ich wollte. Heut sag ich, ich hab so Bauchschmerzen, wenn ich irgendetwas nicht darf.»

«Ich hab», so berichtet Reiner, «früher den Kopf auf den Boden geschlagen, wenn mir meine Mama oder mein Papa nichts gegeben haben. Dann haben die sich Sorgen gemacht. Und sie haben nachgegeben, das haben sie mir später erzählt. Heut mach ich das nicht mehr, aber ich weiß, wie ich sie rumkriege. Ich muss nur traurig gucken oder sagen: ‹Ich leb ja doch nicht mehr lang!› Dann zucken die zusammen. Und dann geben sie schnell nach.» Er sieht mich an: «Ich weiß, das ist gemein. Aber wie soll ich sie sonst rumkriegen?» Er lacht: «Oder hast du da eine Idee?»

«Womit ich meine Eltern am schnellsten rumkrieg», lacht Arne, «ist der Satz: ‹Alle anderen dürfen!› Bei meiner Mutter sag ich das ganz laut. Die hat dann sofort ein schlechtes Gewissen. Bei Papa wirkt das nicht immer. Aber wenn der abends abgeschlafft nach Hause kommt, wenn der kaputt ist und seine Ruhe haben will, dann muss ich das nur sagen, und schon gibt der auch schnell nach!»

«Alle anderen dürfen …» Ob es sich nun um den abendlichen Krimi, das schicke T-Shirt, längeres Aufbleiben, das neueste Monster-Spielzeug oder das höhere Taschengeld handelt: Immer versuchen Kinder, Grenzen auszutesten, abgesprochene Regeln in Frage zu stellen. Wer sofort nachgibt, der verschafft Kindern einen zweifachen Erfolg mit fragwürdigen Folgen: Kinder lernen daraus, wie sie durch bestimmte Formulierungen und entsprechende Verhaltensweisen ihre Eltern «überzeugen», besser: «rumkriegen»; und sie werden solch ein Modell immer wieder – und aus ihrer Sicht erfolgreich – anwenden.

Die Eltern sind in einer Beziehungsfalle, aus der sie sich nur schwer wieder befreien können. Es ist sinnvoller, auf Absprachen zu verweisen. Dies sollte auf der «Ich»-Ebene, nicht auf der «Man»-Ebene» geschehen. Also nicht: «Du weißt, dass man das in deinem Alter nicht macht!», sondern: «Ich habe mit dir die Vereinbarung getroffen, ich denke, das bleibt auch so!»

«Aber das hört sich verdammt nach dem Satz meines Vaters an», zögert Peter Schneider, «der immer sagte: ‹Solang du die Füße unter meinen Tisch steckst, wird gemacht, was ich sage!›» Er macht eine Pause: «Und das wollte ich nie sagen!»

«Was war das Schlimme an diesem Satz?», will ich wissen.

«Diese Macht, die darin steckte, diese Rechthaberei, dieses Autoritäre … So wollte ich nie sein!»

«Sind Sie der autoritäre Rechthaber?», frage ich ihn.

«Natürlich nicht! Ich diskutiere viel … Aber was zu viel ist, ist zu viel!», meint er genervt.

«Dann beenden Sie die Diskussion!»

«Muss ich dann wie mein Vater sein?», zuckt er resignierend die Schultern.

«Sie sind doch nicht wie Ihr Vater, nur weil Sie klar sind und sich deutlich ausdrücken.»

«Wirklich nicht?» Er ist skeptisch und überlegt: «Aber er hatte ja auch seine Vorteile.» Er lacht. «An ihm konnte man sich besser reiben als an mir, glaube ich. Ich bin wie Watte.»

«Mir geht es ähnlich», hakt Antonia Müller ein. «Auch bei mir gibt es diese ständigen Diskussionen und dann dieses ‹Alle anderen dürfen!›. Eines Tages hatte ich die Schnauze voll.»

«Wer sind alle?», hat sie ihre Tochter gefragt.

«Alle!», lautete Beates patzige Antwort.

«Wer sind alle?», hakt Antonia Müller nach. Beate überlegt: «Miriam und alle!»

«Wer sind alle?», drängt die Mutter.

«Lass mich!» Beate denkt weiter nach. Dann sprudeln zwei Namen: «Ute und Sabrina!»

«Das sind drei!», stellt die Mutter fest.

«Eben drei!», kommentiert Beate in beleidigtem Ton.

«Gut! Da ruf ich jetzt an!»

«Spinnst du!» Beate ist außer sich. «Du glaubst mir wohl nicht mehr!»

Antonia Müller antwortet ganz ruhig: «Ich glaube dir schon, aber ich ruf da jetzt an!»

Triumphierend kommt die Mutter zurück: «Du, die drei dürfen, aber du darfst immer noch nicht!»

«Peinlich! Voll peinlich!», stöhnt Beate.

«Im nächsten Leben hast du eine andere Mutter», lächelt Antonia Müller. «In diesem Leben musst du mit mir vorliebnehmen!»

«Das hast du von deinem Guru … Wie heißt der noch mal? … Rogge», schreit Beate, «der ist doch schizo, absolut schizo. Und ich hab darunter zu leiden.»

Leben Sie den Kindern die Verlässlichkeit von Normen und Werten vor. Dies gibt den Kindern Vertrautheit und Sicherheit. Es ist ihnen zuzumuten, dass in anderen Familien ganz andere Modelle praktiziert werden: Das Kind kann vergleichen, kann werten; es erfährt, wie unterschiedliche Erziehungsstile Vor- und Nachteile haben. Das Kind spürt möglicherweise Frustrationen, weil die anderen Kinder «immer mehr dürfen als ich!». Solche Frustrationen beziehen sich meist auf materielle Bereiche – und diese können Kinder durchaus aushalten, wenn sie emotionale Sicherheit spüren.

Und manchmal muss man das Überraschende tun», erzählt Christa Reimers der Runde. Sie hat einen Sohn Boris, elf Jahre. «Der kommt jeden Mittag geladen nach Hause und reagiert überzogen, wenn er ein ‹Nein!› hört. Er flippt dann regelmäßig aus, schreit, flucht. ‹Alle dürfen, nur ich nicht›, pöbelt er dann, um zum Abschluss in beleidigtem Ton hinzuzufügen: ‹Du bist gemein!›»

Die Mutter hatte genug. Als er eines Tages nach Hause kam, wieder ausflippte, sagte sie ganz ruhig: «Du hast recht, du hast die gemeinste Mutter von Hamburg, und es wird Zeit, dass ich mich oute!»

«Wie bitte?»

«Ich hab hier ein Plakat gemalt.» Sie entrollt es. Er liest laut: «Ich bin die gemeinste Mutter von Hamburg. Gemeine Mütter von Hamburg solidarisiert euch!» Sie lacht ihn an: «Und damit gehe ich jetzt auf den Rathausmarkt. Die Mütter von Yvonne und Helena kommen auch mit, die sind auch gemein.»

Boris erstarrt: «Was?»

«Da gehe ich hin!» Er merkt, seiner Mutter ist es ernst. Mit einem Male springt er zur Haustür, schließt diese ab.

«Was machst du?», fragt die Mutter freundlich.

«Da gehst du nicht hin!»

«Warum nicht?»

«Meinst du, ich will wegen dir in der Zeitung stehen?»

Sie schließen einen Vertrag. Wenn Boris sich vier Wochen zurückhält mit seinen ständigen Nötigungen und Erpressungen, wird sie nicht gehen.

«Und damit du den Vertrag nicht vergisst, hänge ich das Plakat in den Flur!»

«Und was sollen meine Freunde denken?»

Sie zuckt mit den Schultern.

Boris geht in sein Zimmer, und die Mutter hört, wie er sagt: «Das war früher mal so einfach hier!»

8. «Muss ich's dir noch zweimal sagen...?» –
Vom Drama der «guten» Worte

Viele Erziehungsbeziehungen zwischen Eltern und Kindern geraten durch die unklare Sprache der Erwachsenen ins Ungleichgewicht.

«Ich rede und rede», erzählt mir Gisela Schwarz, «rede mir den Mund fusselig, bemühe mich, freundlich zu sein, aber nichts passiert. Erst wenn ich die böse Hexe spiele, dann hören sie!» Als sie dies entrüstet erzählt, nicken die anderen anwesenden Eltern zustimmend.

Erwachsene verhalten sich gegenüber Kindern oft unklar. Sie ärgern sich zum Beispiel über die Bummelei, die Unordnung, zeigen mit ihrer Gestik und Mimik jedoch durchaus eine freundliche Stimmung an. Das Kind hört zwar Fragen wie: «Würdest du bitte aufräumen?», «Könntest du dich vielleicht beeilen?» Doch Fragen setzen keine Grenzen. Das Kind entdeckt in der Mimik und

Gestik des Erwachsenen Zeichen von Anspannung – schmale Lippen, schmale Augen, Stirnrunzeln –, die fragende Stimme klingt hingegen noch ausgeglichen.

Kinder können mit solch unklaren Botschaften nicht umgehen. Deshalb erzwingen sie durch ihr Handeln einen in sich stimmigen Erwachsenen; soll heißen: Sie akzeptieren erst Grenzen, wenn diese klar artikuliert werden. Sie nehmen den Erwachsenen dann ernst, wenn dieser in Gestik, Stimme und Sinn der Worte übereinstimmt. Mit den Worten des neunjährigen Claudius ausgedrückt: «Wenn ich nicht weiß, was genau läuft, dann mache ich meinen Scheiß weiter. Weil, meine Eltern sind ja immer noch so freundlich. Obgleich ich merk, gleich ist's so weit. Gleich explodieren sie. Und dann platzen sie auch. Gut, denke ich, hab ich doch nicht falschgelegen. Hatte ich doch Recht. Ich weiß nicht, aber meine Eltern machen es sich so schwer. Warum sagen sie denn nicht eher ‹Nein!›?»

Claudius formuliert intuitiv, was die Kommunikationspsychologie durch zahlreiche Untersuchungen belegt hat: 55 Prozent der Kommunikation laufen über Körpersprache, über Mimik und Gestik, 38 Prozent laufen über den Stimmklang und die Art des Sprechens. Lediglich sieben Prozent vermitteln sich den Kindern über den Inhalt, den Sinn der Worte. Missverständnisse in der Eltern-Kind-Kommunikation haben ihre Ursache in der Unklarheit, mit der viele Erwachsene Absichten und Grenzen formulieren.

Eltern überschätzen nicht allein die Wirksamkeit ihrer Worte und Anweisungen. Sie unterschätzen zugleich, wie wichtig es ist, sich dem Kind zuzuwenden, Kontakt zu ihm aufzunehmen, wenn sie ihm etwas mitteilen wollen. Kinder – und Erwachsene natürlich auch! – wünschen, angesprochen zu werden, sie wollen sich angesprochen *fühlen.*

Die Mutter von Daniel, Rebecca Kaiser, ist mit ihrem Sohn im Supermarkt. Sie hat ihm, ihrem viereinhalb-jährigen Sprössling, versprochen, heute dürfe er sich die Spaghetti selber aussuchen. Das war zwar gut gemeint, doch hatte sie nicht bedacht, dass die Pasta sich in Augen-höhe der Erwachsenen befand – und es unendlich viele Sorten gab.

«Lass das Mama mal machen», erklärt sie ihm. «Das dauert jetzt zu lange. Du kannst das ohnehin nicht sehen da oben. Du bist zu klein!»

Daniel ist enttäuscht, trottet – die Schulter nach vorne gekippt – von dannen. Er wirkt wie ein kleines Häufchen Elend, dem man ansieht: «Erst versprechen, dann nichts halten!»

Zwei Regale weiter entdeckt er, als er sich nach links wendet, Konservendosen. Auf den Aufklebern sieht er Ra-violi mit Tomatensauce. Daniel lächelt – und die Dosen scheinen zurückzulächeln. Er geht näher an das Regel, kniet davor. Seine linke Hand zuckt hervor, sie umfasst eine Dose. Daniel schmunzelt: «Rund!» Und er weiß, rund rollt toll.

Vorsichtig zieht er eine heraus, Millimeter um Millime-ter. Er schaut zu seiner Mutter hinüber, beobachtet sie vorsichtig. Doch die ist mit der Spaghettiauswahl beschäf-tigt.

Rebecca Kaiser spürt, dass bei ihrem Sohn etwas im Gange ist. «Daniel! Was ist?» Aber sie ist zu sehr beschäf-tigt, geeignete Spaghetti zu finden, um ihren Sohn anzuschauen. Der zieht die Dosen immer weiter und weiter heraus.

«Daniel?», fragt sie mit einem Mal. «Daniel, was machst du da?» Doch das sagt sie, die Augen auf die Spaghetti gerichtet. Solange die mit den Spaghetti redet, denkt Daniel, sieht sie mich nicht. Und mit Schwung lässt er eine Dose das Regal entlangrollen. Die Mutter hat nichts bemerkt, was Daniel ermutigt, noch eine Dose aus dem Regal zu ziehen, um auszuprobieren, ob diese weiter rollt. In dem Moment kommt eine ältere Frau, hockt sich zu Daniel und meint ganz freundlich: «Das ist doch keine Kegelbahn hier!»

«Kegelbahn!», kräht Daniel vor Vergnügen, springt auf: «Kegelbahn! Kegelbahn!» Da sieht Rebecca Kaiser die Bescherung, stürzt von den Spaghetti wie ein Adler im Sturzflug hinunter, greift sich die Hände ihres Sohnes: «Wie oft muss ich dir das noch sagen, Daniel? Wie oft? Sag, wie oft?»

Doch der lächelt seine Mutter weise an: «Kegelbahn!»

Grenzen setzen hat zunächst nichts mit der Anwendung pädagogischer Techniken zu tun. Es ist eine Frage der Haltung gegenüber dem Kind. Dies meint, vom Kinde aus zu denken und zu handeln.

Wenn Erwachsene reden, dann achten sie auf das Gesprochene, den Inhalt, versuchen, mit Argumenten zu überzeugen, und dort, wo sie bei Kindern nicht weiterkommen, manchmal mit Verboten oder Bestechungen nachzuhelfen. Kinder kommunizieren dagegen ganzheitlicher. Dies gilt es zu bedenken, wenn man mit ihnen und zu ihnen redet.

Zunächst erfolgt die Kontaktaufnahme über die Augen – möglichst auf gleicher Höhe. Dann die Kontaktaufnahme über die körperliche Berührung, um den eigenen Worten Nachdruck zu verleihen. Wohlgemerkt: Wenn man wütend und zornig ist, darf man niemals ein Kind anfassen! Dann wird aus der gut gemeinten Berührung schnell körperliche Gewalt, die wehtut. Und schließlich: die eindeutige Sprache.

Aus der Sicht der Kinder kommt ein wichtiges Element hinzu: Mimik und Gestik müssen mit dem Klang der Stimme, der Klang der Stimme muss mit dem Inhalt übereinstimmen. Ein «Nein!», bei dem gelächelt wird, nehmen Kinder genauso wenig ernst wie ein gleichgültig dahin gesagtes «Lass das, bitte!». Kinder brauchen authentische Botschaften, müssen wissen, woran sie sind. Bekommen sie keine Klarheit, dann sorgen sie mit ihren Mitteln für Deutlichkeit.

Manuela Hard erzählt: «Mein Stefan ist vier. Früher habe ich geredet und geredet. Hör auf! Lass das! Das ging und ging und ging ewig weiter. Das fand kein Ende. Tja, und warum sollte er auch aufhören? Ich stand in der Küche, machte irgendetwas, war mit mir oder mit irgendwelchen Dingen beschäftigt, und er tobte da im Wohnzimmer vor sich hin.»

«Was haben Sie verändert?», frage ich.

«Wenn ich etwas möchte, zum Beispiel dass er aufräumt, dann sage ich nicht mehr: ‹Räum auf!›, ‹Räum endlich auf!›, oder ‹Wann räumst du denn endlich auf?› Nein, ich gehe hin, hocke mich vor ihn hin, schau in seine Augen, nehme manchmal seine Hände, formuliere einen kurzen knappen Satz: ‹Stefan, ich möchte, dass du aufräumst!› Meistens klappt das. Manchmal rufe ich aus der

Entfernung nur ganz deutlich: ‹Stefan!› Dann weiß er Bescheid, und meistens hält er sich an die Absprache. Und wenn nicht, dann weiß ich, es geht ihm gar nicht um das Aufräumen. Dann will er mit mir in einen Machtkampf eintreten.» Sie denkt nach: «Vor allem hat das unendliche Labern jetzt aufgehört!»

Manuela Hard hat ihre Priorität auf ein klares, für Stefan verständliches Handeln gelegt: Er *fühlt* sich in Augen- und Körperkontakt angenommen. Er *fühlt*, seine Mutter redet nicht «um den heißen Brei herum»; sie sagt, was sie erwartet. «Unsere Beziehungen wurden klarer», erinnert sie sich. «Und auch er wurde eindeutiger. Früher erpresste er mich, nötigte mich mit Tränen. Jetzt sagt er klarer: ‹Ich will das! Ich möchte das!› Und wenn ich dann nicht bei der Sache bin, kommt er auf meinen Schoß, sagt ganz bestimmt: ‹Mama!› Und wenn ich dann immer noch nicht zu ihm hinschaue, dreht er mein Gesicht in seine Richtung, damit ich ihn sehen kann.»

Klarheit in der Sprache und Festigkeit im Gefühl lässt gegenseitigen Respekt entstehen. Partnerschaftlichkeit und Gleichwertigkeit in Beziehungen lässt sich nicht in allen Situationen gleichermaßen leben. Sie sind das Ergebnis andauernder Bemühungen, sind das Resultat eines Prozesses.

S zene auf einem Seminar: Anwesend sind Eltern mit ihren neun- bis zwölfjährigen Kindern.

«Seien Sie aufrecht und ehrlich», fasse ich zusammen, «wenn Sie zu Ihren Kindern reden, sagen Sie, was Sie vorhaben, was Sie wirklich wollen. Wenn Sie das nicht tun, erleben Sie Ihr blaues Wunder!»

Kaum hatte ich das gesagt, springt der elfjährige Johannes neben mir auf und ruft spontan: «Richtig, Herr Rogge! Richtig!»

Er sieht in Richtung seiner Mutter: «Das sagen Sie mal meiner Mutter!»

«Wieso?»

«Die spinnt nämlich!»

«Johannes!», empört sich die Mutter. «Hör auf zu spinnen!»

«Du spinnst!» Seine Stimme klingt aufgebracht.

«Johannes, das kannst du nicht einfach behaupten!», greife ich ein. «Das kannst du nur sagen, wenn du es beweisen kannst!»

«Kann ich!», ruft er mit erregter Stimme. «Tausend Beispiele kann ich Ihnen geben!»

«Eines reicht mir!», lache ich ihn an.

«Gestern», erzählt er. «Gestern! Da kommt sie, fragt: ‹Johannes, wollen wir heute zu Oma?› Ich sehe ihr aber an, dass sie will. Und sie will, dass ich mitkomme!»

«Was machst du dann?»

«Ich sag dann: ‹Nein!›» Seine Stimme hat einen verächtlichen Unterton. Sie hört sich an, als spucke er das Wort aus.

«Und was passiert dann?»

«Dann textet sie mich zu», antwortet er mit finsterem Unterton.

«Was ist zutexten?», frage ich. «Ich kenne eure Sprache nicht mehr, euren Jargon!»

«Na ja, Sie würden wahrscheinlich sagen, meine Mutter labert, kaut mir ein Ohr ab!»

«Und wie geht das Zutexten?»

«Na ja, dann bleibt sie stehen und sagt: ‹Johannes,

jetzt hör mir mal zu! Du warst schon so lang nicht mehr bei Oma! Du magst Oma doch auch, oder? Und du willst schließlich auch Geschenke von ihr haben!›» Er atmet genervt aus: «Und so weiter! Und so weiter!»

«Und wie lange geht das Zutexten?», bin ich neugierig.

«Eine Viertelstunde!»

«Und dann?»

«Dann sag ich, o. k., ich komm mit!»

Ich muss schmunzeln. Ihm ist aber nicht zum Lachen zumute.

«Was könnte deine Mutter denn anders machen?», will ich von ihm wissen.

«Ich hab mir was überlegt!», verkündet er mit Bestimmtheit und Stolz in der Stimme.

«Was denn? Ich bin neugierig!»

«Na ja, die kann doch kommen und sagen: ‹Johannes, ich will heut zu Oma. Und ich möchte, dass du heute mitkommst!›»

«Und was hätte sie davon?»

«Die wäre eine Viertelstunde eher bei Oma!», verkündet er triumphierend.

Nicht selten bringen Fragen, die bereits klare Festlegungen enthalten, einen Machtkampf mit sich, weil diese Fragen die Kinder nicht ernst nehmen. Wenn Eltern ihre Kinder zum Beispiel fragen: «Wollen wir heute zu Oma?», die Entscheidung zum Besuch aber längst von den Eltern gefällt ist, so bleibt den Kindern ein angepasstes «Ja!», ein gleichgültiges «Meinetwegen!» oder ein trotziges, selbstbestimmtes «Nein!» übrig. Wenn Kinder an Entscheidungsprozessen nicht beteiligt sind bzw. werden, dann ist es für das Kind einleuchtender und begreiflicher, das Ergebnis mit fester und freundlicher Stimme mitzuteilen: «Ich möchte heute zu Oma und möchte, dass du mitkommst!» Dies muss nicht zu Begeisterungsstürmen des Kindes führen, zeigt ihm aber die Wünsche, die Bedürfnisse und das Wollen der Eltern an.

Vieles spricht dafür, Kinder *am Weg zu einer Entscheidung* zu beteiligen, fördert dies doch auch die Bereitschaft, Mut zu eigenen Entscheidungen zu entwickeln und Verantwortung dafür zu übernehmen. Dann ist es wichtig, mit einem offenen Ausgang in das Gespräch zu gehen: «Ich habe mir überlegt, zu Oma zu gehen. Was meinst du?» Oder: «Hättest du Lust, zur Oma zu gehen?» Oder: «Wir könnten mal wieder Oma besuchen. Was hältst du davon?»

Bedeutsam ist bei diesem Vorgehen, dass keine Vorentscheidung gefallen ist, dass das Kind spürt, an einer Entscheidung wirklich mitzuwirken. Es ist mithin wichtig, sich *vor* dem Gespräch darüber klar zu sein: Teilt der Erwachsene dem Kind eine bereits getroffene Entscheidung mit, oder will der Erwachsene gemeinsam mit dem Kind zu einer Lösung kommen, die alle an der Situation Beteiligten zufriedenstellt?

Nicht nur Kinder, auch Erwachsene können mit pauschalen Vorwürfen schlecht umgehen. Sätze wie «Du räumst nie auf!», «Du bummelst nur!», «Du kommst immer zu spät!», «Du bist immer so frech!» entmutigen Kinder nicht nur, sie bringen Erwachsene auch dazu, Kinder nur noch unter bestimmten negativen Gesichtspunkten zu betrachten. Kinder entwickeln umgekehrt Minderwertigkeitsgefühle, Wünsche nach Rache und Vergeltung.

Sie treten mit den anklagenden Eltern in einen Machtkampf ein, machen das familiäre und häusliche Zusammenleben zur Hölle.

Vorwürfe, die mit «nie», «immer», «nur» daherkommen, sind unzulässige Verallgemeinerungen, sie enthalten nicht selten direkte oder indirekte Beschuldigungen, sind Ausdruck dafür, dass Kindern bestimmte Verhaltensweisen zugeschrieben werden.

Nun brauchen Eltern nicht jede Auffälligkeit oder Störung des Kindes hinzunehmen, dies vor allem dann nicht, wenn es sich um nicht eingehaltene Absprachen oder die persönliche Integrität der Eltern handelt. Entscheidend ist mithin, *wie* Eltern Störungen thematisieren. Ich betone nochmals: Vorwürfe, verallgemeinernde Anklagen helfen Kindern nicht.

«Das ist unmöglich, dass du ständig unpünktlich bist», schimpft Robert Holz seinen Sohn an. Hannes verspätet sich tatsächlich häufiger.

«Hab's vergessen», versucht er zu beschwichtigen.

«Du vergisst alles. Das ist zum Mäusemelken mit dir.»

«Du bist nur schlecht gelaunt», kontert Hannes.

«Bis eben hatte ich gute Laune.»

«Dein Gesicht sah schon beleidigt aus, als du mich gesehen hast.»

«Jetzt hör aber auf!», erwidert der Vater scharf.

«Was kann ich dafür, dass du so eine blöde Kindheit hattest.»

Mit diesen Worten verlässt Hannes den Raum.

Nicht der Sachkonflikt stand im Mittelpunkt dieser Auseinandersetzung, sondern eine «Beziehungskiste».

Mit der Formulierung «Das ist unmöglich!» thematisiert der Vater nicht den Sachaspekt, greift vielmehr seinen Sohn direkt an. Dieser wiederum empfindet den Satz «Das ist unmöglich!» als «Du bist unmöglich!» oder «Weil ich zu spät komme, bin ich unmöglich». Aus einem Konflikt, der zu klären ist, erwächst ein sprachlicher Clinch, werden Vorwürfe, die den anderen treffen und die in beleidigter Wortlosigkeit enden.

«Aber wie kann ich das lösen? Wie komme ich da raus, dass es ständig diese Formen annimmt?» Hannes' Vater ist verzweifelt.

Die Zauberformel lautet: Ich-Botschaften zu formulieren, zu lernen, sich darin auszudrücken. Ich-Botschaften benennen den Sachverhalt, geben Auskünfte über Gefühle und sprechen – falls erforderlich und notwendig – die Konsequenzen an, die sich aus nicht eingehaltenen Absprachen ergeben können, zum Beispiel: «Ich finde es nicht in Ordnung, wenn du länger als abgesprochen wegbleibst. Ich mache mir wirklich Sorgen.» Sind vorher Absprachen getroffen worden, dann könnte so fortgesetzt werden: «Wir hatten abgesprochen, dass du anrufst, wenn was dazwischengekommen ist. Und ich hatte gesagt, wenn du das nicht machst, dass du dann morgen deinen Freund nicht besuchen kannst. Du warst einverstanden.»

Ich-Botschaften legen Wert auf vier wichtige, miteinander zusammenhängende Aspekte:

- Der Vater artikuliert seine Position. Er beschreibt die Situation, wie er sie sieht, spricht seine Gefühle an;
- er beschuldigt seinen Sohn weder direkt noch indirekt, trennt somit die Sache von der Beziehungsebene;
- Gestik, Mimik, Stimme und Sinn der Worte stimmen überein;

- und, wichtig: Sind in einem vorherigen Gespräch bereits Konsequenzen thematisiert worden, so sind diese nun umzusetzen.

Doch erwarten Sie, wenn Sie Konsequenzen umsetzen, nicht angepasstes Verhalten Ihrer Kinder, vielmehr Reibung, Widerstand, Drohung oder Rückzug.

Nun werden solche Hinweise auf Ich-Botschaften in Kommunikationsseminaren oft gegeben, in Rollenspielen oder an konkreten Beispielen aus dem Alltag veranschaulicht. Auffällig ist, dass viele Eltern ihre Anklagen in Ich-Botschaften unterbringen oder mit ihren Kindern in einen «therapeutischen Dialog» verfallen.

Wenn jemand seinem Kind mit sanfter Stimme und freundlichem Blick ein «Ich bin wütend, weil du so spät kommst» hinsäuselt, dann sendet er dem Kind nicht nur eine doppelte Botschaft, dann hat er auch das Prinzip der Ich-Botschaft missverstanden. Die Ich-Botschaft kommt nur beim anderen an, wenn man sich klar ausdrückt.

Ähnliches gilt für ein weiteres Missverständnis in der Anwendung der Ich-Botschaft. Es hat sich bei vielen Eltern, die es besonders gut meinen wollen, unter dem Deckmantel der Ich-Botschaft eine unsägliche Form der Betroffenheits- und Traurigkeits-«Kultur» entwickelt. «Ich bin jetzt ganz traurig, wenn du das machst», klagt eine Mutter ihre Tochter mit Tremolo in der Stimme an, und sie kann die Tränen nur knapp zurückhalten, als Sarah zum wiederholten Male ihren Kot an der Klowand verschmiert. Hier stimmen Ton, Körperhaltung und Mimik nicht überein. Die Traurigkeit ist aufgesetzt, eine versteckte Anklage ist eingebaut, mit Liebesentzug wird gedroht.

Und Kinder verinnerlichen solche Betroffenheitskultur sehr schnell, wenden sie gegen ihre «Erfinder» an.

Eltern setzen Grenzen, aber sie wundern sich, wenn Kinder sich mit den Grenzen auseinandersetzen, sie schließlich überschreiten. Ich kenne nur wenige Kinder, die zwei Meter vor einer Grenze stehen bleiben, sich verwundert die Augen reiben und ausrufen: «Oh, eine Grenze!» Die meisten Kinder klettern auf Grenzen, turnen auf ihnen, gehen in das Land jenseits der Grenzen – in das Land der Sümpfe, der Schweinereien, das Land der Verbote und des «Neins», das Land des «Noch nicht» und der ungeahnten Möglichkeiten.

Ich kenne kaum Kinder, die, wenn sie aufgefordert werden: «Räum jetzt dein Zimmer auf!», auf der Stelle aufspringen und brav formulieren: «Darüber habe ich auch schon nachgedacht, Mama!» Sollten Sie so ein Kind haben, empfehle ich den sofortigen Gang zu einem Erziehungsberater.

Normal sind doch Reaktionen auf diese Aufforderung wie: «Gleich!», «Noch nicht», «Vielleicht!», «Keine Lust!» oder das anklagende: «Immer ich!»

Die Eltern halten zwar Grenzen und Regeln für wichtig, sie bemühen sich jedenfalls. Aber sie wundern sich, wenn sich Kinder an den Absprachen reiben. Und da viele Eltern über Grenzen nachgedacht haben, nicht jedoch darüber, was zu tun ist, wenn Kinder die Grenzen missachten, versuchen sie, ihre Kinder sprachlich zu überzeugen. Sie machen dann das, was sie am besten können: Sie reden und reden und reden ... Und treffen auf vater- und muttertaube Kinder. Damit werden die Eltern Hauptdarsteller im «Drama der guten Worte», das aus vier Akten besteht.

Der erste Aufzug ist der «Bitte-Satz»: «Räum *bitte*

auf!», «Komm *bitte* her!», «Lass das *bitte* sein!», «Sei *bitte* leise!», «Sei *bitte* brav!» Eltern sagen diese Sätze unzählige Male, bis sie den Kindern zu den Ohren herauskommen – und sich dennoch nichts ändert.

Die achtjährige Paula hat das so ausgedrückt: «Wenn Mama ‹bitte› sagt, dann ist es noch halb so wild.»

«Aber darf ich denn», so Paulas Mutter ungehalten, «nicht mal mehr ‹bitte› sagen?»

Zweifellos ist es wichtig, einen höflichen Umgangston zu pflegen. Bittet man Kinder um Mithilfe («Kannst du mir bitte helfen?», «Hältst du mir bitte die Tür auf?»), dann ist es unabdingbar, das Wörtchen «bitte» zu benutzen. Aber wenn man von Kindern etwas verlangt, auf abgesprochene Regeln hinweist, dann sind klare Formulierungen notwendig – und keine umständlichen, missverständlichen Sätze, die letztlich noch als rhetorische Frage daherkommen.

Der zweite Aufzug steigert die Erwartungshaltung der Kinder. Hier fällt häufig ein Satz wie: «Muss ich's dir noch zweimal sagen …?» Unüberhörbar ist ein leicht gereizter Klang in der Stimme von Vater und Mutter. Schauen Sie, liebe Eltern, in diesem Zustand mal die Kinder an. Die stehen schmunzelnd vor Ihnen, als würden sie sagen: «Ihr sagt es heute noch zehnmal und macht es dann doch alleine!»

Im dritten Akt nimmt die Lautstärke zu: «Muss ich denn erst böse werden?», schreit der Vater oder die Mutter. «Oder muss ich erst laut werden?» Blicken Sie in die Gesichter Ihrer Kinder, die drücken aus: «Gleich gehen sie hoch wie eine Rakete!» Und im Sinne einer sich selbst erfüllenden Prophezeiung machen die Kinder weiter – so lange, bis die Eltern platzen.

Mittlerweile gibt es eine quasi therapeutische Variante dieses Aufzugs. Statt des lautstarken Auftritts gibt es eine wachsweiche Alternative. Es ist der weinerliche, hinge-hauchte Satz: «Ich bin jetzt aber traurig, wenn du das nicht machst. Schau, Mama macht so viel ... Und du?»

Im vierten Akt steht man dann neben sich. Man fährt aus der Haut und brüllt die Sätze in Halbwertzeit: «Du wirst nur noch frech!», «Ich fahr dich nie mehr in die Schule!», «Du kommst nie mehr mit in den Urlaub!»

Das sind Sätze, die einem schnell, ja sofort leid tun, Sätze, bei denen man hofft, sie würden auf der Stelle in den Mund zurückkommen. Ein Tipp an die Eltern: Schauen Sie jetzt mal Ihre Kinder an. Die einen stehen kopfschüttelnd vor Ihnen: «Müsst ihr immer gleich so ausflippen!», die anderen grinsen verschmitzt, weil sie wissen: «Das tut ihnen gleich leid! Und dann kann ich alles von ihnen haben!»

9. «Wenn du nicht, dann ...» –
Konsequenzen sind keine Strafen

Konsequenzen muss man sich sehr genau überlegen, ansonsten spricht man eine Strafe aus, die nicht halt-bar ist und die Würde des Kindes verletzt.

«Gute» Worte ersetzen keine Konsequenzen – viel-mehr ist ein Handeln notwendig, das sich am Kind und seinen Möglichkeiten orientiert. Wird nicht gehandelt, so erzwingt das Kind dies, indem es seine Störungen fort-setzt. Wird nicht rechtzeitig eingegriffen, kann sich aus der langen Leine, dem langen Mut, der stillschweigenden

Duldung eine impulsive Strafaktion entwickeln, die manchmal physische und psychische Verletzungen nach sich zieht.

Strafen ändern nichts am störenden Verhalten des Kindes. Sie mögen zwar kurzfristig eine Situation beenden – «Wenn du jetzt nicht aufhörst, dann wirst du schon sehen, was du davon hast!» – oder ein Resultat zeitigen: «Wenn du jetzt nicht Hausaufgaben machst, gibt's nachher kein Fernsehen!» Das ist aber ein kurzzeitiges Erfolgserlebnis, denn durch Strafen werden Kindern keine Möglichkeiten aufgezeigt, das grenzüberschreitende Verhalten zu ändern. Elterliche Strafaktionen, die ein Kind als Erniedrigung empfindet, führen entweder zu dem Wunsch, sich durch weitere Störungen an den Eltern zu rächen, oder aber zu überangepasstem Verhalten, um sich vor impulsiven elterlichen Strafaktionen zu schützen.

«Ich komme mir», erzählt mir Miriam Schrader, Mutter zweier Kinder, «so doof vor, wenn ich strafen muss. Aber es geht häufig nicht anders.» Sie sieht mich an: «Wie soll ich sonst meine Absprachen durchsetzen? Das geht doch nur mit Strafen?»

«Meine Mutter», so Anton Michalik, Vater von drei Kindern, «hat uns immer gedroht: ‹Wenn ihr nicht das und das sofort macht, dann passiert was.› Diesen Satz wollte ich niemals sagen. Ich habe diese Formulierung gehasst.» Er blickt mich fragend an: «Und nun benutze ich den Satz auch. Die Menschheit lernt nichts dazu. Es ist die ewig gleiche Leier.»

«Was ist denn der Unterschied von Strafe und Konsequenz?», fragt Julia Peters. «Sie schreiben immer etwas in Ihren Büchern von natürlichen Folgen. Aber wie sehen die denn aus? Mir fallen häufig keine ein!»

Peter, zehn Jahre, hält sich nicht an Absprachen, wann er zu Hause zu sein hat. Aber ihm fällt ständig eine Ausrede ein. Mal kommt er nur fünf Minuten, mal eine halbe Stunde später als vereinbart. Seine Mutter ist ziemlich sauer, sein Vater auch. Kommt er verspätet zu Hause an, schimpfen sie: «Das stinkt uns jetzt. Den Rest der Woche bleibst du zu Hause. Du willst es eben so haben!»

Doch Peter ist ein ausgekochtes Schlitzohr. Am nächsten Tag geht er zur Mutter, macht das liebenswürdigste Gesicht, das er aufsetzen kann, knurrt zerknirscht: «Ich bin böse zu euch und ihr so lieb!» Dann schaut er die Mutter mit zerknautschter Miene an: «Ich kann die Mathe-Hausaufgaben nicht. Darf ich zu Fritz, der kann mir helfen. Du willst doch, dass ich in der Arbeit eine gute Note bekomme!»

Die Mutter fühlt sich überrumpelt: «Na gut, aber sei bitte pünktlich!» Und mit den Worten: «Ich bin doch immer pünktlich» dreht er ab, schwingt sich auf sein Fahrrad und rauscht ohne Schulhefte ab. Die Mutter sieht ihm schulterzuckend nach: «Da ist man machtlos. Der wickelt uns um den Finger. Ich fühl mich wie eine Versagerin und frage mich andauernd: ‹Warum klappt das immer nur bei anderen?›»

Ihr Mann umschreibt die Situation so: «Eigentlich müsste man da mal richtig durchgreifen. Vier Wochen Stubenarrest oder so etwas! Aber ich bin wochentags nicht da!» Er wirkt resigniert: «Und wer soll denn den Stubenarrest kontrollieren? Meine Frau ist dazu viel zu weich!»

«Hör auf!», unterbricht sie ihn scharf. «Als er vorletztes Wochenende nicht wegdurfte, weil er zu spät kam …Was war denn da? Da musste er von Freitag bis Sonntag zu Hause bleiben! Und?» Sie schaut ihren Mann vorwurfsvoll an. «Und was war?» Und bevor er antworten kann, fährt sie fort: «Da hat er genervt. Du hast es nicht ausgehalten, bist mit deinem Fahrrad weggefahren. Und wer hat aufgepasst, dass er nicht weggeht?» Ihre Stimme wird laut: «Ich! Ich, mein Lieber! So ist's doch immer!»

Als ich Peter zu seinem Zuspätkommen befrage, antwortet er: «Ist ja auch blöde.» Aber bei den Freunden sei es cooler, da sei einfach Action. Seine Eltern wären dann stinkig. «Ich verstehe das.» Aber er mache sich nicht viel daraus. «Die sagen dann irgendetwas, drohen, wenn ich zu spät komme, aber sie halten sich hinterher nicht dran.»

Er überlegt: «Und manchmal machen sie dann doch was, ohne dass sie das vorher gesagt haben!» Peter denkt nach: «Wie neulich ... Am Donnerstag. Ich bin die Tage vorher immer zu spät gekommen. Nicht viel zu spät. Aber 'n bisschen zu spät. Da haben sie nichts gesagt.» Er grinst. «Aber am Donnerstag ist mein Vater ausgeflippt. Und ich durfte dann am nächsten Tag nicht weg.» Süffisant fährt er fort: «Na ja, ich wollt sowieso nicht weg. Aber da hab ich genervt.»

Was er denn von seinen Eltern wolle, frage ich.

«Die sollen vorher sagen, was mich erwartet, und nicht hinterher. Ich kann mich auf die nicht verlassen.»

Peter schüttelt den Kopf: «Mal tun sie nicht, was sie sagen, mal machen sie was, ohne was zu sagen ... Ehrlich, da soll man noch durchblicken!»

An dieser Situation lassen sich einige Elemente der Strafe anschaulich aufzeigen. Die Strafe

- führt dazu, dass Eltern ihre pädagogische Aggression legitimieren – nach dem Motto: «Wenn er pünktlicher wäre, müssten wir nicht so sein!»;

- hat zur Folge, dass Kinder sich rächen, die Eltern in einen Machtkampf hineinziehen, an deren Ende die Hilflosigkeit aller Beteiligten steht;
- erzeugt Versagensgefühle beim Kind («Ich bin böse!») und Schuldgefühle bei den Eltern («Ich kann nicht erziehen!», «Ich erziehe schlecht!»);
- lässt Kindern meist keine Chance, ihr störendes Verhalten positiv zu verändern;
- macht Handlungsänderungen von der Anwesenheit der Eltern abhängig.

Bestrafung und Achtung des Kindes schließen sich aus. Formulierungen wie «Wenn du unpünktlich bist, wirst du sehen, was du davon hast!» stellen eine diffuse Drohung dar und führen nicht zu einer konstruktiven Mithilfe des Kindes. Solche Äußerungen verschärfen die Situation, treiben ein Kind in die Rache. Es kommt vielmehr darauf an, dem Kind den Zusammenhang von Freiheit und Verantwortung klarzumachen.

Eine Formulierung wie «Du kannst bummeln, aber dann kommst du vielleicht zu spät!» lässt dem Kind eine Alternative. Es ist Sache des Kindes – vielleicht mit Unterstützung der Eltern –, pünktlich zu sein. Wenn Sie allerdings die Verantwortung für die Regelverletzung des Kindes übernehmen, entmündigen und entmutigen Sie nicht nur sich selber, sondern auch Ihr Kind. So macht man sich gegenseitig von Launen abhängig. Ein strapaziöser Nervenkrieg ist die Folge.

Kinder lernen viel mehr aus Konsequenzen. Kinder müssen die natürlichen Folgen, die sich aus unangemessenem Handeln, aus Regelverstößen ergeben, fühlen, um dann selbständig ihr Verhalten zu ändern.

Marion, zehn Jahre, verspätet sich seit einiger Zeit beim Nach-Hause-Kommen. Zwar verspricht sie, pünktlich zu sein – doch meist bleibt es bei der Absicht. Manchmal geht es einige Tage gut, doch dann reißt der Schlendrian wieder ein. Marion wirkt dann zerknirscht, hat unendlich viele Ausreden parat. Sie hat nie Schuld, ständig sind es andere, die sie daran hindern, zur abgesprochenen Zeit zurückzukehren.

Marions Mutter beweist Langmut, gibt ihrer Tochter einen Vertrauensvorschuss. Marions Vater ist da ungeduldiger, will, dass durchgegriffen wird, empfiehlt im Gespräch mit seiner Frau: «Hausarrest!»

«Und wer soll den, bitte schön, kontrollieren? Du bist kaum da. Und ich halte das für unangemessen!», entgegnet sie unmissverständlich.

«Dann sieh zu, wie du damit fertig wirst. Ich halte mich da raus!», lautet seine ebenso deutliche Antwort.

Die Mutter bittet Marion um eine Gespräch.

«Marion, ich finde das Zuspätkommen nicht o. k.!»

«Warum?», fragt die Tochter etwas patzig.

«Erstens gibt es eine klare Absprache. Und du sagst, du hältst dich daran. In den letzten vier Tagen bist zu ständig zu spät gekommen: einmal zehn Minuten, dann fünfzehn, zweimal zwanzig Minuten!»

«Bist du etwa mein Buchhalter?», giftet Marion zurück.

«Ich finde das nicht zum Lachen. Außerdem ist es jetzt draußen dunkel, und ich mache mir Sorgen!»

«Mir passiert schon nichts!», antwortet Marion betont gelangweilt.

«Nun spiele hier nicht die coole Marion. Ich bin schließlich für dich verantwortlich, und ich möchte, dass du mich dabei unterstützt», lässt Marions Mutter sich nicht von ihrer Linie abbringen.

«Ich versteh dich ja, Mama!», lenkt Marion ein. «Ich mach's auch nie mehr. Versprochen!»

«Das ist mir zu wenig. Hast du eine Idee, was ich tun kann, wenn du die Absprache nicht einhältst?»

Marion überlegt: «Ach so, du willst mich also erpressen. Wenn ich nicht hier bin, dann krieg ich vier Wochen Hausarrest! Oder was?» Sie wirft ihrer Mutter einen verächtlichen Blick zu. «Voll peinlich! Du bist genau wie Oma, wie die früher zu dir war!»

«Ich denke, ich bin anders!» Die Mutter bleibt konsequent.

«Hast du eine Idee?»

Nach längerem Hin und Her einigen sich beide darauf: Kommt Marion zu spät, bleibt sie am nächsten Tag zu Hause. Sie darf zwar ihre Freundinnen einladen, aber nicht dorthin gehen. Diese Vereinbarung wird schriftlich formuliert und als Vertrag in der Küche aufgehängt.

Wenn Marion weggeht, erinnert die Mutter ihre Tochter an die Absprache.

«Ist ja schon gut!», antwortet sie lässig.

Vier Tage kommt Marion pünktlich nach Hause, am fünften Tag verspätet sie sich erheblich. Sie hat unendlich viele Entschuldigungen auf Lager, die sich die Mutter verständnisvoll anhört.

Dann sagt sie: «Morgen bleibst du zu Hause! Vertrag ist Vertrag!»

Marion poltert los, stößt Verwünschungen aus, redet sich in Rage – es hilft nichts. Marion schmollt. Sie verweigert das Abendessen. Auf das Gutenachtritual lässt sie sich widerwillig ein.

Der nächste Nachmittag: Marion hat ihre beste Freundin Ingrid eingeladen.

«Du weißt, warum Marion heute nicht zu dir kommt?», fragt die Mutter.

«Nein!», antwortet Ingrid. Die Mutter lacht, klärt Ingrid auf, die staunend zuhört. Als Marion hinzukommt, meint Ingrid: «So 'ne Mutter möchte ich auch mal haben!»

«Wieso?» Marion blickt erstaunt.

«Die labert nicht nur. Auf die kann man sich verlassen!»

Konsequenzen stehen in grundsätzlichem Zusammenhang mit dem Tun des Kindes. Sie stellen natürliche Folgen dar, die beim Kind Einsicht wecken sollen.

- Konsequenzen müssen dem Kind *vor* der Grenzüberschreitung klar sein. Das Kind hat die Freiheit. Es kann Grenzen respektieren, Absprachen einhalten, dann treten die Konsequenzen nicht in Kraft. Überschreitet ein Kind Grenzen, missachtet es Absprachen, dann weiß es um die Konsequenzen.

- Auch die Konsequenzen argumentieren mit einer «Wenn-dann»-Formulierung. Ähnlichkeiten zur Strafandrohung sind *sprachlich* unverkennbar. Gleichwohl hat die «Wenn-dann»-Verknüpfung bei der Konsequenz einen anderen Zusammenhang. Konsequenz baut darauf auf, dass Kinder an der Beseitigung von Störungen mitarbeiten *wollen*. Bei Konsequenzen geht es nicht um Schuld und Sühne, sie bauen auf einer partnerschaftlichen Erwachsenen-Kind-Beziehung auf, einer Partnerschaft, die Freiheit und Gleichwertigkeit nicht mit Grenzenlosigkeit und «Gleichmacherei» verwechselt.

- Konsequenzen bauen auf gegenseitigem Respekt auf, sie wollen Lösungen durch Einsicht. Konsequenzen setzen ein positives Bild vom Kind voraus: Sie gründen darauf, dass Kinder nur dann stören, wenn sie über konstruktive Aktionen keine Aufmerksamkeit bekommen.
- Konsequenzen werden in ruhigem Ton formuliert. Dies ist möglich, weil sie im Vorhinein abgesprochen werden.

In folgenden Schritten lassen sich gemeinsam mit dem Kind Konsequenzen entwickeln:

1. Dem Kind wird das Problem beschrieben, die Sachlage dargestellt. Dabei ist auf Ich-Botschaften zu achten. Beschuldigungen – «Du bist schlecht!» – sind ebenso zu vermeiden wie unzulässige Verallgemeinerungen – «Du machst nie …»

2. Es ist wichtig, dass das Kind die Situation aus seiner Sicht darstellen kann. Aber Verständnis für die Situation des Kindes bedeutet nicht blinde Akzeptanz. Deshalb: Durch Erklärungen der Kinder – «Andere sind schuld» –, durch Beteuerungen – «Ich mache nie mehr …!» – sollte man sich ebenso wenig ablenken lassen wie durch Vorwürfe: «Das ist Erpressung!»

3. Die Konsequenzen werden mit Nachdruck aufgezeigt. Dabei müssen Erwachsene sich vergewissern, dass dem Kind die Konsequenzen klar sind. Ein wichtiges Prinzip ist: Die Konsequenzen müssen von den Eltern eingehalten werden. Deshalb sollten sie sich vorher vergewissern, ob die dem Kind vorgeschlagenen Konsequenzen sowohl praktisch wie gefühlsmäßig durchzuhalten sind. Sollte das nicht möglich sein, ist nach

Konsequenzen zu suchen, die lebbar sind, ohne dass man sich oder die Kinder überfordert.

«Aber», so die Mutter des zweijährigen René, «ab wann setzt man denn Grenzen? Und wie sieht es bei Kleinkindern mit Konsequenzen aus? Sind sie überhaupt fähig, an der Lösung von Konflikten mitzuarbeiten?»

So oder ähnlich lautet eine häufig gestellte Frage.

Weil nachgiebiges Erziehungsverhalten oder ein autokratisch-erdrückender Erziehungsstil nicht zu selbstverantwortlichem Handeln führen, keine Eigenständigkeit zulassen, brauchen schon jüngere Kinder das «Erleben einer normativen Verlässlichkeit», so der Erziehungswissenschaftler Otto Speck. Nur gestaltet sich das Grenzensetzen bei Kindern bis zum dritten Lebensjahr in besonderer Weise. Es ist einfacher und schwieriger zugleich: Einfacher, weil die Kinder den Eltern bedingungsloser vertrauen; schwieriger, weil die elterliche Verantwortung größer ist, damit aus dem Grenzensetzen nicht ein Ausnutzen der Unerfahrenheit des Kindes, weit überzogene Reaktionen der Eltern oder zu enge Grenzen werden.

Ständig überangepasstes Verhalten des Kindes, auffällige Gefallsucht oder Überreaktion bei Kritik geben den Eltern möglicherweise Hinweise darauf, dass Kleinkindern zu strenge, zu wenig einfühlsame Grenzen gesetzt werden. Grenzen für jüngere Kinder müssen besonders sorgfältig überlegt werden. Konsequente Festigkeit ist nicht zu verwechseln mit Strenge, Härte oder Strafe. Ist ein lautes Wort, ein unbedachter Klaps mal passiert, dann zeigt sich die Souveränität des Erwachsenen in ernst gemeinter Entschuldigung und Versöhnung – verbunden mit dem Willen, sich zukünftig anders zu verhalten.

Einige Grundsätze sind beim Grenzensetzen mit jüngeren Kindern zu beachten:

1. Eltern nehmen häufig allzu wortreich Kontakt zu den Kindern auf. Finden Eltern nach einem unendlichen «Labern» keine Einsicht aufseiten der Kinder, dann sind nicht selten impulsive Reaktionen der Erwachsenen – Brüllen, Schreien, Schläge – die Folge. Wer mit kleineren Kindern redet, muss sich ihnen zuwenden – sie zum Beispiel ansehen, anfassen. Kinder brauchen das *Gefühl* des Angenommenseins. Klarheit und Offenheit schützen vor unüberlegten Strafaktionen.

2. Sätze wie «Das ist gefährlich», «Das ist schwer für dich», «Das kannst du noch nicht!» unterstützen Kinder nur selten bei der Einhaltung von Grenzen. Begreifen geht über Greifen – dieser Grundsatz gilt auch beim Grenzensetzen für jüngere Kinder. Grenzen müssen begreiflich erfassbar und anschaulich erfahrbar sein: Nur eine Hand in der Nähe der brennenden Kerze gibt das Gefühl von Hitze und Wärme.

3. Grenzen haben sich am Kind in seinem Hier und Jetzt, an seiner konkreten Gegenwart auszurichten. Was für andere Kinder gilt, braucht für das eigene Kind nicht zuzutreffen; was für ein Kind in ein oder zwei Jahren als Einengung erfahrbar wird, kann gegenwärtig Hilfestellung und Unterstützung bedeuten.

4. Eltern sprechen jüngere Kinder nicht selten wie kleine Erwachsene an. Sie versuchen sehr rationale Konfliktlösungen und übersehen dabei, welche Chancen in den magisch-mythischen Konfliktlösungen liegen. Diese entsprechen häufig der animistischen Wirklichkeitssicht von Kindern, einer Sichtweise, in der Phantasie und Realität ineinander übergehen.

In Gesprächen mit Eltern fallen einige Problembereiche auf, die ihnen beim Grenzensetzen häufig Minderwertigkeits- und Versagensgefühle machen.

Svenja Krüger, Mutter der zweieinhalbjährigen Maren, klagt darüber, dass sie irgendwann doch ins Schreien verfalle, wenn ihre Tochter «zum hundertsten Male nicht hört, was ich sage. Ich flippe dann aus. Dann tut's mir auch leid. Aber ich kann's irgendwie nicht ändern!»

Hubert Ranke, Vater des zweijährigen Lars, hat ein anderes Problem: «Ich erkläre alles tausendmal. Und Lars fragt nur: ‹Warum?› Ich fange nochmal von vorne an, ganz behutsam und sehr einfühlsam, und er fragt dann wieder: ‹Warum?› Ich kann das nicht mehr hören: ‹Warum? ...›» Hubert Ranke hält sich die Ohren zu: «Wann kapiert der das endlich?»

Christiane Schiller, Mutter des knapp dreijährigen Sven, hält es, wie sie formuliert, «lange aus», aber «irgendwann knallt's dann. Dann kriegt Sven einen Klaps auf den Po, und dann tut er das, was ich will. Warum geht's eigentlich nicht ohne Klaps? Ich komme mir dann so schlecht vor! Wie kann ich das nur verhindern?»

Körperliche Nähe, Berührung oder gefühlsmäßige Zuwendung sind freilich kein Allheilmittel. Von ihnen ist abzuraten, wenn die emotionalen Beziehungen zwischen Eltern und Kindern gestört sind oder wenn die körperliche Nähe – aus der Sicht der Kinder – als Drohung oder gar Strafe empfunden werden kann. Ist jedoch eine angenehme emotionale Basis vorhanden, ist das Kind an positive Körperkontakte gewöhnt, dann *kann* Nähe, *kann* die Berührung – zum Beispiel die Hand auf die Schultern legen, die Hände fest anfassen – ein Kind nicht nur beruhigen. Nähe gibt dann der durch Worte formulierten Grenze Nach-Druck – und dies ist wörtlich gemeint.

Nach-Druck hat nichts mit Unterdrückung zu tun. Nach-Druck bedeutet vielmehr freundschaftliche Festigkeit. Denn die Festigkeit, mit der das Kind berührt wird, lässt das Kind die Ernsthaftigkeit der Eltern spüren. Wer jüngeren Kindern Grenzen setzen will, kann den positiven Körperkontakt sehr früh einsetzen. Er ist der beste Schutz vor dem Klaps, der immer dann kommt, wenn die verbalen Argumente ausgehen, man nicht mehr weiterweiß. Berührung und Nähe verhindern einen gefürchteten Widerspruch in der Erziehung: einerseits die lange Toleranz vieler Eltern, die sich im hundertfachen «Lass das!» oder «Nein!» ausdrückt, andererseits die daraus sich ergebenden unkontrollierten Aggressionen von Eltern gegenüber dem Kind.

Unter zwei Voraussetzungen wirkt sich die dargestellte Methode allerdings kontraproduktiv aus:

1. Entzieht sich das Kind dem Griff, der Berührung, der körperlichen Nähe, dann müssen Sie es unbedingt in Ruhe lassen. Ein Kind darf nicht gegen seinen Willen umklammert werden. Ist ein Körperkontakt nicht möglich, dann hilft eine Kombination aus Augenkontakt und physischer Nähe. Wichtig: Der Augenkontakt geht vom Erwachsenen aus. Es darf keinen Zwang geben, den Erwachsenen anzuschauen – zum Beispiel «Nun schau mich endlich an!». Das Kind fühlt den Blickkontakt des Erwachsenen auch, wenn es woandershin sieht.

2. Wenden Sie niemals körperliche Nähe und Berührung im Zustand großer Erregung an. Dann ist die Verletzungsgefahr zu groß. Dann sind die Grenzen zu einer

körperlichen Misshandlung des Kindes fließend. Berührung, Kontakt und Nähe setzen Sie deshalb bereits im frühen Stadium einer Auseinandersetzung ein, nicht erst dann, wenn die Situation bereits eskaliert ist. Impulsives Schreien, um Grenzen letztlich doch durchzudrücken, gründet sich häufig auf eine zu große Geduld bzw. manchmal eine Laisser-faire-Haltung. Anstatt das Kind mit einem Wortschwall zu überziehen, der meist doch in Wutausbrüchen endet oder zu beleidigter Wortlosigkeit führt, sind klare und direkte Formulierungen wichtig, um auf gegenseitige Rücksichtnahme hinzuweisen: «Ich finde das nicht o. k., wie du dich mir gegenüber benimmst!» Oder um an Mitgefühl zu erinnern: «Das ist nicht fair, wie du deine Schwester behandelst!»

Es gibt Situationen, in denen man das Setzen von Grenzen nicht durch langatmige Erklärungen aufweichen darf, in denen vielmehr ein kurzes «Nein!» als Ausdruck von «Ich dulde es nicht!» reicht. Wenn ein Kind spürt, dass es schmerzt, in eine brennende Kerze zu fassen, oder es Lebensgefahr mit sich bringt, auf eine vielbefahrene Straße zu laufen, wenn die gesamte Situation also eindeutig ist, das Kind aufgrund von Vorauserfahrung darum weiß, dann kann ein «Nein!» angebracht sein, das frei von Zorn, Verachtung und Respektlosigkeit ist.

Das «Nein!» stellt jedoch *eine Ausnahme* im pädagogischen Handeln dar, es ist nicht die Regel. Wird das «Nein!» zur Gewohnheit, nutzt es sich ab: Es gestattet nämlich keinen veränderten Blickwinkel. Allerdings kann es spezifische Kontroversen für eine kurze Zeit beenden. Dies gilt insbesondere für nachstehende Situationen:

- bei mangelnder Realitätssicht von Kindern, zum Beispiel bei Verletzungsgefahren, bei Uneinsichtigkeit aufgrund fehlender Erfahrungen,
- bei Situationen, die man vorher mit dem Kind abgesprochen und geklärt hat,
- bei heftiger Erregung des Kindes, um sich durch einen kurzen Appell Gehör zu verschaffen,
- bei Erziehungssituationen, die man aufgrund äußerer Umstände – zum Beispiel Besuch, Erwartungsdruck – nicht abschließend klären bzw. erörtern kann, die vielmehr *vorläufig* mit direktivem Appell zu beenden sind.

Das «Nein!» stellt einen pädagogischen Eingriff dar, der an eine konkrete Situation gebunden ist. Er verändert – ich betone es nochmals! – nicht das störende Verhalten, er weist keine Handlungsalternativen auf. Aber dieser Eingriff verschafft vorerst Luft. Wenn dieses «Nein!» nicht abstumpfen, gar in einen Machtkampf umschlagen soll, dann ist es unverzichtbar, dem Kind hinterher – quasi in einer zweiten Phase der Problemlösung – das eigene Handeln *kurz* zu erläutern und um Verständnis für sein Tun zu bitten oder dem Kind Handlungsalternativen anzubieten.

Denken Sie daran: Da Kinder zwischen dem zweiten und dritten Lebensjahr große Entwicklungsprozesse durchlaufen, deuten kindliche Grenzüberschreitungen zugleich darauf hin, dass sich das Kind manchmal entmündigt fühlt, mithin mehr Gelegenheit zu eigenverantwortlichem Tun haben möchte.

Und schließlich ein weiterer Hinweis. Um nicht nur

«Nein!» sagen zu müssen, kann mit dem Kind ein bestimmtes Zeichen – zum Beispiel eine Handbewegung oder eine Form des Augenkontakts – ausgemacht werden, welches das «Nein!» symbolisiert. Jüngere Kinder brauchen Klarheit und Festigkeit auf der Basis von Freundlichkeit und Verlässlichkeit, sie brauchen Eltern, die kindorientiert handeln, keine Personen, die lange Vorträge halten oder das Kind niederbrüllen.

Es gibt zwei andere Techniken, die zunächst darauf ausgerichtet sind, Situationen zu beenden, sich mithin *nicht* dazu eignen, dem Kind eine veränderte Sichtweise oder Handlungsalternativen aufzuzeigen. Als Dauermethode werden sie von Kindern als Strafe und herabwürdigend empfunden. Beide Techniken funktionieren nur auf der Grundlage einer gefühlsmäßig festen Beziehung:

Man kann das Kind, wenn es in heftige Erregung gerät, aus der Situation herausnehmen, zum Beispiel mit aller Deutlichkeit des Raumes verweisen: «Ich denke, du gehst jetzt. Nachher unterhalte ich mich weiter!», «Verlass den Raum! In dieser Weise kann ich nicht mit dir reden!» Kein Kind darf aber mit körperlicher Gewalt zum Verlassen des Raumes gebracht werden. Herausnehmen aus der Situation darf zudem nicht als Isolierung empfunden werden. Sperren Sie Ihr Kind niemals in ein Zimmer oder schließen Sie es gar ein! Dies erzeugt neben heftigen Panikgefühlen starke Vernichtungs- und Verlassensängste.

Geht das Kind auf den Vorschlag nicht ein, dann kann der Erwachsene den Raum verlassen – ohne jede Drohung. Sagen Sie zum Beispiel: «Ich geh jetzt in die Küche. Ich möchte nachher, wenn ich mich beruhigt habe, mit dir die Situation nochmal besprechen.» Sätze wie «Es ist zum Davonlaufen!» oder «Du machst mich noch mal krank mit deinem Trotz!» erzeugen beim Kind Schuldgefühle und Ängste vorm Alleinsein. Wichtig: Der Erwachsene verlässt den Raum, nicht die Wohnung oder das Haus. Er bleibt erreichbar und geht auf sein Gesprächsangebot nach geraumer Zeit *unbedingt* ein.

Manchmal entkrampft Humor die Situation. Humor hat aber nichts mit Sarkasmus und Zynismus zu tun. Waltraud Ebert macht entsprechende Erfahrungen mit ihrer zweieinhalbjährigen Elisa. «Wenn die 'nen Bock hat, sich auf den Boden wirft und rumschreit, nur ‹Nein! Nein! Nein!› brüllt, leg ich mich kurzerhand dazu. Aber natürlich nur, wenn ich in Form bin! Die schaut mich verdutzt an, dann lache ich sie an, und wir beide brechen in Lachen aus. Meist hört Elisa dann mit dem Wutanfall auf. Nicht immer, aber sie hat ja auch ein Recht auf ihre Tagesform!»

Die Mutter hat – aus der Sicht ihrer Tochter – überraschend und paradox gehandelt. Einerseits so, wie es Elisa nicht erwartet hat; andererseits hat sie das störende Verhalten ihrer Tochter überdreht, verstärkt. Auch diese Handlung zeugt von Souveränität, von Festigkeit. Sie setzt mit ganz ungewöhnlichen Mitteln Grenzen. Wohlgemerkt: Sie setzt eine Grenze, zeigt Elisa keine Handlungsalternative auf. Dies bleibt nachfolgenden Gesprächen überlassen.

Eine weitere Technik nimmt das magisch-phantastische Denken ernst, das die Kinder vom zweiten Lebensjahr an prägt. Kinder wünschen sich Anschaulichkeit, konkrete Bilder und Symbole, die ihnen helfen, Grenzen zu erkennen oder sich in abstrakten Vorstellungsgebilden zurechtzufinden. Und sie entwickeln dabei Problemlösungen, die Erwachsene häufig überhören, weil sie nicht ihren rationalen Vorstellungen entsprechen. Die Ideen der Kleinen werden belächelt, dabei enthalten sie manch grandiose Perspektive.

Dies soll an einer Situation konkretisiert werden, die mir Familie Meinhold auf einem Elternseminar vorstellte.

Lasse, drei Jahre, brachte die Familie durch seine «Unordnung permanent auf die Palme». Das betraf weniger die Situation in seinem Zimmer als vielmehr seine Intensität, das Chaos in das gesamte Haus zu verlagern. Seine Eltern «flippten regelmäßig aus», und – so der Vater genervt – «stellen Sie sich vor, dann sagt er noch, er mache nicht die Unordnung, sondern das mache Pumuckl, der ihn ständig besuche». Herr Meinhold ist entrüstet: «Also da kann ich richtig ausflippen! Ehrlich!» Seine Frau nickt bestätigend.

Lasse war bei diesem Teil des Gesprächs nicht anwesend. Ich holte ihn hinzu, schickte seine Eltern hinaus, um mir die Situation aus seiner Sicht erzählen zu lassen.

«Was, meinst du, hat dein Vater mir wegen der Unordnung gesagt? «Lasse lächelte mich an: «Das ..., das mit dem Pumuckl ...» Kurze Pause. «Pumuckl ist das ja auch!»

Er schaut mich an, will meine Zustimmung.

«Was ist das mit dem Pumuckl?», will ich wissen.

«Also, der kommt und spielt mit mir, und dann geht er irgendwann und lässt alles liegen, und ich muss aufräumen, und dann habe ich keine Lust ... Wer Unordnung macht, muss aufräumen, sagt Papa ... Pumuckl macht das nicht!»

Ich ließ mir Einzelheiten schildern, um ein genaueres Bild zu bekommen. Dann bat ich die Eltern hinein. Für mich war schnell klar: Lasse hatte seine Unordnung, seine «bösen» Anteile an Pumuckl gebunden. Und Lasse war überzeugt, nicht selbst für das Chaos verantwortlich zu sein. Als ich die Eltern fragte, was mir Lasse wohl erzählt habe, rief der Vater spontan aus: «Den Quatsch mit Pumuckl!» Er klingt säuerlich: «Wie immer! Ich kann's nicht mehr hören!»

«Ist aber kein Quatsch!» Dabei ahmt Lasse Pumuckls quiekige Stimme nach.

«Hör auf!», meint die Mutter genervt. «Es reicht, wenn du das zu Hause machst!» Lasse lächelt, er war nun auf dem besten Wege, seinen Eltern ihre Hilflosigkeit vorzuführen. Machtkampf pur! «Lasse», sage ich, «du solltest mal ganz deutlich mit Pumuckl reden. Dich nervt die Unordnung doch auch. Meinst du, du kannst mit ihm reden?» Die Meinholds sehen mich entgeistert an.

«Oder sollen deine Eltern mit Pumuckl reden?» Die beiden schütteln spontan den Kopf, sehen mich völlig konsterniert an.

«Die nicht!», ruft Lasse. «Die verstehen den doch gar nicht!»

«Was wirst du ihm sagen?»

«Ich werde mit ihm schimpfen! Ich werde sagen: Aufräumen oder er braucht gar nicht mehr zum Spielen zu kommen!»

Die Meinholds sind vom Gang des Gesprächs überrascht, intervenieren nicht mehr. Auf meine Frage, ob sie da mitziehen könnten, nicken sie verhalten: «Wenn's denn hilft!» Als sie den Raum verlassen, habe ich den Eindruck, dass sie Mitleid mit mir empfinden wegen des Spielchens, auf das ich mich bei Lasse eingelassen habe.

Vier Wochen später; Fortsetzung des Familienseminars. Die Meinholds kommen strahlend auf mich zu, das Problem mit der Unordnung in der Wohnung habe sich aufgelöst. Lasse mache nur noch in seinem eigenen Zimmer Chaos, ansonsten räume er auf.

«Wahnsinnig! Der räumt jetzt auf!» Frau Meinhold lacht, den Sinneswandel ihres Sohnes immer noch ein wenig skeptisch betrachtend. Lasse kommt auf mich zu.

«Na, Lasse, hast du mit Pumuckl geredet?», frage ich.

«Und ob! Ich habe ihm gesagt: ‹Wenn du nicht aufräumst, spielst du nicht mit mir. In meinem Zimmer kannst du alles liegen lassen. Aber sonst räumst du auf! Ist das klar?!›»

«Und Pumuckl hat dich verstanden?»

Lasse nickt: «Und wie!»

Eine ebenso einfache wie magische und kindgerechte Lösung, die gefunden wurde, weil ich mich auf Lasses Phantasien einließ. Die Kritik der Eltern an der Unordnung konnte Lasse nicht annehmen. Er empfand sie weniger als Kritik an der Sache denn als Kritik an seiner Person. Die Konsequenz: Er inszenierte einen Machtkampf. Und je vehementer die elterlichen Vorwürfe kamen, umso intensiver führte er seine kleinen Rachefeldzüge, die die Eltern allmählich zur Verzweiflung trieben. Die Bedeutung von Lasses Phantasien war mir klar.

Pumuckl verkörperte Lasses polare Sichtweise, die so typisch für jene Altersstufe ist: die Aufspaltung in «gute» Lasse- und «böse» Pumuckl-Personen. Eine differenzierte Betrachtung von Personen gewinnen Kinder etwa vom fünften Lebensjahr an: Aus einer Entweder-oder-Haltung entwickelt sich eine Sowohl-als-auch-Haltung. Aber auch danach bleibt die polare Sichtweise noch erhalten. Sie wandelt sich erst allmählich.

Pumuckl diente Lasse als Vehikel, ein magisches Vehikel, dessen Bedeutung für die Eltern auf den ersten Blick nicht zu erkennen war.

Wenn Eltern sich mehr auf eine genauere Beobachtung ihrer jüngeren Kinder einlassen könnten, es lernten, Verständnis für deren magisch-mythische Sichtweisen zu zeigen, dann gelänge es, schon mit zwei- bis vierjährigen Kindern zu ganz überraschenden Konfliktlösungen zu kommen – Lösungen, die allerdings nur für begrenzte Zeit Gültigkeit haben, erwirbt das Kind mit zunehmendem Alter doch andere Fähigkeiten, sich mit sich und anderen Personen auseinanderzusetzen. Dann gewinnen Sprache und rationale Herangehensweisen an Gewicht.

Aber Konsequenzen sind kein Allheilmittel, um jeden Konflikt zu lösen.

«Ich mache mir viele Gedanken über Konsequenzen», so eine Mutter, «aber nichts funktioniert. Ich bin da richtig entmutigt!»

Tatsächlich gibt es Kinder, die kein Interesse an einem angemessenen Verhalten haben, die erfahren haben: Wenn sie nett sind, werden sie übersehen. Sollten sie jedoch stören, dann stehen sie schnell im Mittelpunkt. Man behandelt sie dann zwar nicht zuvorkommend, aber eine negative Zuneigung ist für manches Kind besser als überhaupt keine.

Robin, fünf Jahre, kommt in den Kindergarten, sieht seine Erzieherin, Marion, die sich intensiv mit Tanja, drei Jahre, beschäftigt. Tanja braucht an diesem Morgen viel Aufmerksamkeit. «Guten Morgen», sagt er zu Marion, aber die überhört den Gruß, so sehr ist sie beschäftigt.

«Guten Morgen», wiederholt Robin etwas lauter. Marion überhört den Gruß wieder – es ist nicht böser Wille, aber für Robin scheint der Fall klar. Wütend wirft er seinen Rucksack in die Ecke, dreht ab, geht gemächlich in die Puppenecke, schnappt sich Felizitas, schubst sie. Sie fällt hin, tut sich weh, schreit erbärmlich auf. Sofort kommt Marion angelaufen, packt Robin an den Schultern: «Was hast du da gemacht, verdammt?» Seine Augen drücken ein «Frag nicht so blöd! Siehst du doch!» aus.

«Warum machst du das?»

«Darum!», antwortet er achselzuckend.

Robin hat an diesem Morgen etwas gelernt: Wenn ich komme, grüße ich überhaupt nicht mehr. Ich gehe gleich in die Puppenecke, schnappe mir beim nächsten Mal zwei Kinder, dann ist Marion noch schneller da.

W«arum»-Fragen – darauf hat der Psychologe Rudolf Dreikurs hingewiesen – sind kaum geeignet, die Motive der provokativen Grenzüberschreitung aufzudecken und Kinder für eine konstruktive Mitarbeit zu gewinnen. Kinder sind bis in die späte Grundschulzeit hinein bei der Beantwortung von «Warum»-Fragen häufig überfordert. Solche Fragen sind meist rückwärts gerichtet. Sie dienen nicht dazu, notwendige Veränderungen anzuregen.

Über sein Fehlverhalten versucht das Kind, ein bestimmtes Ziel zu erreichen. Die Aufgabe des Erwachsenen ist es, die verdeckten Ziele des Kindes durch Fragetechniken für sich – aber nicht für das Kind! – aufzudecken und in konstruktive Bahnen zu überführen. Dreikurs unterscheidet dabei vier Verhaltensdimensionen. Über das

Fehlverhalten – zum Beispiel provokative Grenzüberschreitungen – will das Kind

- zunächst Aufmerksamkeit erzielen. Erreicht es sein Ziel nicht, stört es weiter und
- übt Zwang und Macht aus, um so eine Überlegenheit zu beweisen. Gelingt auch dies nicht, so versucht das Kind
- sich zu rächen, Vergeltung auszudrücken, um, sollte auch so das Ziel nicht erreicht werden,
- sich bzw. andere hilflos zu machen.

Mareike, fünf Jahre, sitzt am Tisch des Kindergartens, hantiert ungeschickt mit Karton, Klebstoff und Schere, sie will einen Hampelmann basteln. Mal fällt die Schere auf den Boden, mal die Flasche mit Klebstoff. Frau Rose, die Erzieherin, setzt sich dazu: «Soll ich dir helfen?» Sie nimmt die Schere in die Hand, fängt an zu schneiden. Mareike schaut woanders hin. «Nun schau's dir an.» Mareike sieht immer noch weg, spielt mit dem Klebstoff.

Nächster Tag. Eine vergleichbare Situation. Wieder fühlt sich Frau Rose gedrängt, Mareike zu helfen, weil sie «hintendran mit dem Basteln war». Mareike und die Erzieherin sitzen an einem Tisch über Eck. Während Frau Rose bastelt, sitzt Mareike eher gelangweilt herum, hampelt und strampelt mit den Beinen, trifft mit einiger Regelmäßigkeit das Schienbein ihrer Erzieherin. Obgleich es schmerzt, meint diese: «So, Mareike, nun komm. Hilf!» Aber Mareikes Ungeschick lässt weiter grüßen, während unter dem Tisch die schmerzhafte Kontaktaufnahme weitergeht.

Zwei Tage später. Wieder am Basteltisch. Mareike sitzt

allein, die anderen Kinder sind längst fertig. Frau Rose kommt, will helfen. «Na, bist du da, du blöde Kuh!»

«So nicht! Ich bin nett zu dir und du …» Mareike streckt ihr die Zunge heraus. «Hör auf damit!» Die Stimme der Erzieherin bekommt einen scharfen Klang: «Sonst geh ich!»

«Blöde Kuh.»

Frau Rose geht. Mareike bleibt zunächst wie erstarrt sitzen, versucht dann – gelangweilt – zu basteln, schaut sich häufig um, wobei ihr Blick ständig die Erzieherin sucht. Sie fängt an, mit dem Stuhl zu kippeln, fällt hin, weint, wimmert. Frau Rose kommt hinzu: «Setz dich hin. Ein letztes Mal helfe ich noch.» Mareike verweigert die Mitarbeit, während die Erzieherin bastelt. Sie versucht, mit dem Kind ins Gespräch zu kommen, das verstockt-bockig dasitzt, die Lippen aufeinandergepresst. Als der Hampelmann fast fertig ist, nimmt Mareike den Pinsel mit Klebstoff und streicht – ganz schnell und ganz plötzlich, ohne dass Frau Rose eine Abwehrchance hätte – diesen über den Ärmel der Bluse.

«Bist du verrückt geworden?», schreit Frau Rose. «Jetzt reicht's aber!» Sie springt auf, während Mareike hochschnellt, in die Puppenecke läuft, sich dort – unansprechbar für den Rest des Vormittags – zurückzieht.

An dieser Situation lassen sich die vier Ziele von Mareikes störendem Verhalten aufzeigen: Sie will zunächst *Aufmerksamkeit*, bekommt diese, ist dann freilich nicht bereit, von ihrem Verhalten zu lassen. An den folgenden Tagen stört sie weiter, verstärkt ihre Aktivitäten in Richtung *Machtausübung*. Ihr gelingt es, die Erzieherin in einen Machtkampf zu verwickeln – und hat ihn damit schon gewonnen. Während Frau Rose – wohlmeinend –

auf der thematischen (Bastel-)Ebene handelt, hier Aufmerksamkeit herstellen und Unterstützung anbieten will, geht es Mareike um den Beziehungsclinch. Sie verletzt die Erzieherin im wahrsten Sinne des Wortes; übt *Rache* dafür, nicht verstanden worden zu sein, und bleibt beleidigt zurück, als sich Frau Rose zornig und enttäuscht zurückzieht. Damit ist die letzte Stufe der Eskalation vorgezeichnet: die gegenseitige *Hilflosigkeit*, die beide handlungsunfähig macht.

Während «Warum»-Fragen rückwärts gerichtet sind, sollte der Erwachsene lieber solche Fragen entwickeln, die geeignet sind, das Ziel des Kindes aufzudecken. Ob das Kind sein Ziel in der Frage erkannt hat, kann man am Erkennungsreflex – wie Dreikurs ihn genannt hat – ablesen. Er schreibt: «Jüngere Kinder werden entweder zugeben, dass sie sich mit einem der Ziele, die wir ihnen genannt haben, unerwünscht verhalten haben, oder sie verraten sich durch ihre Mimik oder Gestik. Diesen mimischen oder gestischen Reflex nennen wir Wiedererkennungsreflex. Er drückt sich in der Regel durch ein Lächeln, Schmunzeln, verlegenes Auflachen oder ein Augenzwinkern aus. Ältere Kinder sind schon zu erfahren und geschickt, um noch offen zuzugeben, dass sie Aufmerksamkeit erzielen oder ihre Überlegenheit zeigen wollen. Infolgedessen sagen sie entweder ‹nein› auf unsere Fragen, die ihnen ihr Ziel erkennbar machen sollen, oder sie sitzen uns mit ausdrucksloser Miene gegenüber. Aber auch sie verraten sich durch ihre Körpersprache. Es kann sein, dass ihre Lippen zucken, ihre Augen aufblitzen oder der Lidschlag schneller wird, dass sie ihre Sitzhaltung ändern, ein Bein bewegen, mit den Fingern trommeln oder auch nur mit den Zehen wackeln. Es bedarf einer sorgfältigen Beobachtung ihrer Körpersprache, um zu wissen, ob wir das richtige Ziel erraten haben.»

Dreikurs entwickelte eine spezielle Fragetechnik, um die Ziele im störenden Verhalten des Kindes aufzudecken. «Dadurch», formuliert er, «sieht das Kind, dass wir noch nicht alles wissen. Nur es selbst weiß, wann die richtige Frage gestellt worden ist. Jede Frage beginnt mit ‹Könnte es sein, dass …›»

So wäre

- bei grenzüberschreitenden Handlungen zu fragen: «Könnte es sein, dass du möchtest, dass ich mich mit dir beschäftige?» Oder: «Könnte es sein, dass du möchtest, dass ich dich mehr beachte?»
- Bei Machtkämpfen: «Könnte es sein, dass du mir zeigen willst, dass du tun kannst, was du willst?» Oder: «Könnte es sein, dass du der Tonangebende sein willst?»
- Bei Rache- und Vergeltungsaktivitäten: «Könnte es sein, dass du mich verletzen willst?» Oder: «Könnte es sein, dass du mich bestrafen willst?»
- Bei Hilflosigkeit: «Könnte es sein, dass du in Ruhe gelassen werden willst, weil du nichts kannst?» Oder: «Könnte es sein, dass du einfach keine Lust hast, etwas zu tun, ganz gleich, was es ist?»

Bedeutsam ist, dass in der Frage keine versteckte Anklage enthalten ist. Und wichtig ist weiter, «dass das Kind in der Regel sich seines ‹verborgenen Beweggrundes› nicht bewusst ist. Aber wenn wir richtig geraten haben, wird dem Kind plötzlich die Richtigkeit der Vermutung klar. Es ist eine freudvolle Erfahrung für einen Menschen, der sich bisher unverstanden und herumgestoßen fühlte und glaubte, kein anerkanntes Mitglied der Gemeinschaft zu sein, sich verstanden zu fühlen. Dies ist der Anfang von Vertrauen und Selbstvertrauen.» Dreikurs schreibt weiter: «Es ist ungefährlich, einfach zu raten. Solange falsch geraten wird, weist das Kind einfach die Frage als falsch zurück. In dem Augenblick aber, in dem der richtige ‹verborgene Beweggrund› erraten wird, fühlt sich das Kind verstanden, legt seinen Widerstand und seine Ablehnung ab und beginnt kooperativ mitzuarbeiten.»

Auf Mareikes Verhalten im Kindergarten übertragen: Als Frau Rose ihre Situation während einer Fortbildung vortrug, erarbeiteten wir eine Handlungsstrategie. Als Mareike einige Tage später erneut über störendes Verhalten im Stuhlkreis Aufmerksamkeit erlangen wollte, führte sie im Anschluss daran ein Gespräch.

Frau Rose: «Könnte es sein, dass ich mehr für dich tun soll?» Mareike schwieg, schüttelte unmerklich den Kopf.

«Könnte es sein, dass ich dir mehr beim Basteln helfen soll?»

«Nein!»

«Soll ich etwas ganz Besonderes für dich tun?» Mareike strahlte.

«Kannst du mir einen Vorschlag machen?»

Mareike überlegte, zuckte mit den Schultern.

«Möchtest du morgens, wenn du kommst, dass ich dich besonders lieb begrüße?» Mareike lächelte. Man vereinbarte, dass Frau Rose Mareike morgens mit einem besonderen Begrüßungsritual anspricht.

Und im sich anschließenden Gespräch erfährt die Erzieherin, dass Mareikes Eltern seit einiger Zeit frühmorgens aus dem Hause gehen, sie von einer Nachbarin in den Kindergarten gebracht wird. Ein intensives Abschiedsritual findet nicht statt. Die Erzieherin hatte die Motive von Mareikes Verhalten nicht erkennen können. Erst die Aufdeckung durch die Methode des erratenden Fragens ließ sie die Ziele von Mareikes Fehlverhalten herausfinden und in konstruktive Handlungsformen übersetzen.

Provokative Grenzüberschreitungen weisen häufig auf Probleme in der Eltern-Kind-Beziehung hin:

1. Oft sind Regeln und Grenzen unklar und uneindeutig formuliert. Kinder wollen wissen, was sie in bestimmten Situationen dürfen und was nicht. Oder Regeln und Grenzen existieren bloß unausgesprochen und verdeckt. Um sie aufzudecken, testen Kinder Situationen aus. Sie machen so lange weiter, bis man ihnen Einhalt gebietet.

2. Kinder wollen Aufmerksamkeit, Achtung und Respekt. Erhalten sie dieses nicht, gehen sie in einen Machtkampf und machen auf sich aufmerksam.

3. Kritik an der Sache darf nicht mit Kritik an der Person verwechselt oder vermischt werden. Kinder müssen sich auch dann als Person angenommen fühlen, wenn sie Aktivitäten unternommen haben, die bestehende Absprachen und Regeln verletzen. Nur so sind sie zur Mithilfe an der Veränderung bereit.

4. Wenn Kinder Grenzen als überzogen, übertrieben und unangemessen empfinden, deuten sie dies als Strafe und Verbot und weichen in aufreibende Machtkämpfe aus, indem sie Regeln ständig und völlig überzogen verletzen. Oder sie umgehen Verbote durch Heimlichkeiten. Dann sind die Grenzen und Regeln zu überdenken; dann sollten Sie versuchen, die Mitarbeit des Kindes bei der Formulierung neuer Grenzen und Regeln zu gewinnen.

Literatur

Brigitte Beil: *Schlummertuch und Hochzeitstag. Rituale in der Familie.* München 1998

Thomas Berry Brazelton: *Mein Kind verstehen.* München 1992

Yolanda Cadalbert-Schmid: *Aber Papa hat's erlaubt! Warum Männer und Frauen unterschiedlich erziehen.* Zürich 1998

Terri Degler / Yvonne Kason: *Liebe, Grenzen, Konsequenzen.* München 1993

Jo Douglas / Naomi Richman: *Mein Kind will nicht schlafen.* Stuttgart / Jena / New York 1993

Rudolf Dreikurs / Vicke Soltz: *Kinder fordern uns heraus.* Stuttgart 2005

Rudolf Dreikurs / Shirley Gould / Raymond J. Corsini: *Familienrat. Der Weg zu einem glücklicheren Zusammenleben von Eltern und Kindern.* München 1985

Sabine Friedrich / Volker Friebel: *Einschlafen, Durchschlafen, Ausschlafen.* Reinbek 1993

Ben Furman: *Ich schaff's. Spielerisch und praktisch Lösungen mit Kindern finden.* Heidelberg 2007

Karl Gebauer / Gerald Hüther: *Kinder suchen Orientierung.* Düsseldorf / Zürich 2002

Gunhild Grimm / Inga Bodenburg: *So werden Kinder sauber.* Reinbek 1991

Regina Hilsberg: *« Meine Suppe ess ich nicht! » Kultur und Chaos am Familientisch.* Reinbek 1995

Silvia Hoffmann: *Diese Suppe ess ich nicht! Das Drama mit dem Essen.* Zürich 1995

Eva Kessler: *Von der Kunst, liebevoll Grenzen zu setzen.* München 2007

Cornelia Nack: *Wenn Eltern aus der Haut fahren: Von der Unmöglichkeit, immer liebevoll, geduldig und ausgeglichen zu sein.* Reinbek 2001

Cornelia Nitsch: *Bloß nicht alles richtig machen! Vom partnerschaftlichen Umgang mit Kindern.* Reinbek 1998

Cornelia Nitsch / Cornelia von Schelling: *Kindern Grenzen setzen – wann und wie.* München 2004

Myrna B. Schure: *Erziehung zur Selbstständigkeit.* Freiburg 2007

Carola Schuster-Brink: *Regeln und Rituale im Kinderalltag.* Berlin 1998

Renate Valtin: *Mit den Augen der Kinder. Freundschaft, Geheimnisse, Lügen, Streit und Strafe.* Reinbek 1991